U0153970

通識教育叢書20

哲學心靈
與現代關懷
哲學概論的第一課

陳弘學　著

國立成功大學通識教育中心
成大出版社

序

　　國立成功大學通識教育中心以「宏通器識，教育全人」為願景。通識教育不僅是大學專業教育之外的通才教育，更是提供學生觸媒與改變機會的全人教育。正因為學生來自各系，是以帶進課室多元的風貌，並感知與形塑不同的思維模式，使我們在教學與課程設計上更有挑戰性，通識教育叢書的編纂，也應運而生。和一般專業科目教科書不同的是，通識教育叢書的內容必須考量學生的程度與興趣，在材料的選取和學術承載度間，必須求得平衡，亦須特別注重素養的涵育，而不只是知識的堆積，因此向來是學術界所忽略經營的部分。過去在兩位賴明詔校長、黃煌煇校長，以及現任蘇慧貞校長的鼎力支持下，通識教育中心一直能有人力與經費的挹注，將這項任務做好。以每年出版五本的速度進行，至今我們已邁入第五個年頭。經前任通識中心主任王偉勇（現任文學院院長）盡心盡力，擘劃全局，確立了現在的規模。我於 102 學年度起繼續承接，深感責任重大，也心喜通識教育叢書深受大家重視，頂尖大學的影響力持續擴大。是為序。

成大教育所特聘教授

兼通識教育中心主任

陸偉明 謹識

104 年 5 月 4 日

目　錄

推薦序一

　　「人」之作為一個位格的存有者，自有其獨立自主的能力以面對世界。然而隨著人類文明的發展，在二十世紀來臨之後，高度的科技化生活，細密的科層化組織社會，以及資訊快速流動的溝通方式，構成了我們今日的具體生活世界。這些看似方便且有效率的模式，原是為了改善人類的生活而出現，但意想不到的結果，卻反而是成為桎梏人們的鐵籠。人們在任由工具理性的昂揚的情形下，漸漸失去了獨立自主的能力，也失去真正思考的能力。甚至在失去思考能力的同時，步上其對立面，而以虛妄的思考取代真正的思考。於是，在這百年之間，紛紛擾擾構成了生命的主調。當然，人們也終於度過這段混亂的歲月，並企盼一個新的可能世紀來臨。然而，弔詭的是，在邁向二十一世紀的步伐裡，原本應當是充滿希望的新世代，沒想到卻迎來了一個令人焦慮的世界。

　　這是我們所處的世界，也是我們的真實生活。的確，這一個不在期待中的新世代，於眾聲喧嘩之後，仍然在眾聲喧嘩。但是看似眾聲喧嘩的多采多姿背後，理應是展現多元思考的具體實踐，但實際上，鋪構其間的思維卻似乎存在著那麼一些蒼白。也就是說，人們面對如斯多元的生活世界，理論上應當是可以運用

思考來作為自由意志實踐的場域。然而,多數的情形是:人們看似標榜思考的選擇,卻常常是在「從眾」的氛圍中,放棄了思考,或者是不再思考。因此,我們所看到的多元狀態之呈現,其實不必然是在自由意志抉擇下的行動。也緣此之故,人若想要恢復其位格存有者的身分,則培養「思考」的能力與深度,就成為當務之急。以此觀之,大學教育作為我國培育人才的階段而言,其價值正在於協助學習者如何走上「思考」之途,以健全心智。換句話說,如何培育青年的哲學心靈以關懷現代社會,即是大學的重要職責。弘學君的這部相關哲學概論專書的出版,當需要呼應這個時代的要求,他也盡力在撰述之間,滿足這個要求。

我與弘學君認識多年,從他來政大中文系就讀博士開始,我們便有許多機緣相處。弘學君的主要專業雖然是在中文系的學問圈養成,但他的興趣甚廣,所以包括哲學與法律的專業,他同樣花了許多工夫學習,並取得一定成績之表現。因此,與他論學時,多能感受到他對問題的思考方向,與其他同學有著不甚相同的思路。事實上,研治人文學領域的知識,本來就需要在能力與精神上有著博雅面向的訓練。一個想要在人文學研究上有所發展的學者,若是只滿足於某一個專業領域知識的養成與深化,當然有其價值。不過,其結果大致是成為專業學者罷了!若真的是要成為一位稱職的人文學者,甚至是思想者,則開拓多方的知識視野,即為不可忽略的學習過程。是故弘學君的過往學習經驗,其實已然為他打開一條通往人文學者與思想者的大道。此次,書寫關乎哲學概論之專書,正是對他的一項挑戰。

誠如上述所言,哲思能力的養成是今日大學教育的一大任務。過去以來,在學術界也有許多重要的哲概專書出版,而且這

些書籍的專業性頗高，對於許多哲學議題的討論，雖然是概論性質的專書，也顯得相當深刻。因此，如何在眾多的哲概類書籍中，突顯不同，進而展現其特有之價值，就不是一件容易的事。然而，令人欣喜的是，弘學君一改過去的寫作風格，強調閱讀者的位置，也就是在進行書寫時，特別重視閱讀者接受的可能性。於是，弘學君特意在看似枯澀困難的哲學命題中，加入文學性的筆法書寫，使全文讀來能在感性與理性兼該的閱讀經驗中，傳遞思辯之興味，從而達到深入淺出的作用。因此，全書讀來沒有過於艱澀名詞充斥，也不會有距離經驗過遠的道理鋪陳。這是頗令人印象深刻的地方。當然，或許在如此筆調的書寫下，有些深刻的哲學命題無法納入篇幅。不過，若能因此讓讀者能樂於接受哲學思辯為日常生活中的一部分，則取捨之間的價值，或能無憾。

　　弘學君年輕有熱情，觀其書，想見人。我不禁從他的文字脈絡裡，聽聞到一絲樂音，那是多年前他在我的課堂上，當大家陷入嚴肅的學術思辯時，他自請為大家奏一曲琵琶，以順思路。於是，在嘈嘈切切的琵琶弦音間，眾人的理性與感性似獲平衡，而窗外微風正吹過。觀其書，想見人，弘學君的學術道路仍然漫漫，在朝向學術的殿堂邁進路途上，尚有許多可觀、可思與可期之處。此次書寫的新嘗試，或許是他自我的一次磨練，更或許是他再一次藉著哲學概論的酒杯，別有興味的澆自己胸中之塊壘。

林啟屏

2015 年歲末書於政大百年樓

推薦序二

傳統經典如何融入通識教育，向來備受關注，討論意見，不一而足。本人目前係國立成功大學中國文學系專任教授，曾任通識教育中心「中心主任」五年六個月，對於這個問題，當然深有想法，乃願借弘學出版新著邀我寫序之際，就這個問題，提出個人淺見如次：

一、要有選擇性

傳統文化之產生有其時代或社會背景，因此今日欲融入通識教育，就必須有選擇性。以《論語》為例，在性別平等之今日，像「唯女子與小人為難養也」（〈陽貨〉），大可不必再提；又如「未知生，焉知死」（〈先進〉），在生死學普遍視為生命教育之一環的今日，也不必再強調。我們要選的是具有普世價值的文化，如曾子曰：「吾日三省吾身，為人謀而不忠乎？與朋友交而不信乎？傳不習乎？」（〈學而〉）強調人要有反躬自省的修養，才能朝完人的境界邁步；又如子曰：「君子不器」（〈為政〉）強調人要有大格局，具通識素養，才是好公民。

二、要能綜合主題

傳統文化之教授，原應分層次。如中小學為了要先讀懂文本，何妨按篇章說解，但上了大學，就必須要有綜合的能力，老師如此，學生也應該如此。如談到人與自然的關係，我們許多經典中都曾記載，茲舉數則如次：

「子釣而不綱，弋不射宿。」（《論語・述而》）

孟子對梁惠王曰：「王如知此，則無望民之多於鄰國也。不違農時，穀不可勝食也；數罟不入洿池，魚鱉不可勝食也；斧斤以時入山林，材木不可勝用也。穀與魚鱉不可勝食，材木不可勝用，是使民養生喪死無憾也。」（《孟子・梁惠王》）

湯出，見野張網四面，祝曰：「自天下四方皆入吾網。」湯曰：「嘻，盡之矣！」乃去其三面，祝曰：「欲左，左。欲右，右。不用命，乃入吾網。」諸侯聞之，曰：「湯德至矣，及禽獸。」（《史記・殷本紀》卷三）

看了以上的文獻，就知道從釣魚、砍柴、捕獵，前人對於人類對待自然的態度，都有明確的規範，可提供現代人省思。誰說傳統文化趕不上時代！

三、要以倫理為核心價值

我們常說倫理、民主、科學，這樣的見識與關聯，就強調

了中華文化的價值所在，必須以「倫理」為優先，才能凸顯我們文化的特質。譬如說：「父慈子孝，兄友弟恭」；「躬自厚而薄責於人，則遠怨矣」（《論語・衛靈公》）（嚴以律己，寬以待人）；「格物、致知、誠意、正心、修身、齊家、治國、平天下」（大學八條目）等，就是要求自己能夠「克己復禮」（《論語・顏淵》）才能有資格去要求他人，或幫助、教育他人，也就是「己欲立而立人，己欲達而達人」（《論語・雍也》）的意涵。能如此，我們的「民主」，才不致於產生「只要我喜歡有甚麼不可以」的脫序現象；我們的「科學」，也才能建立在處處要以「人」為本的思考發展，而不是成了機器的奴隸，或因過度發展而毀了人類生存的空間。有了這樣的認識，我們就可以類推，不論人與人、人與物、人與所處環境、人與大自然之間，都存在倫理關係，必須先加以正視，人類才能有次序、有希望的向前發展，也才符合中庸之道。

四、要善於運用西方倫理

　　中國文、哲領域，最為人詬病的就是文本的遣詞用字太艱深，批評的方式太零碎，傳達的意涵太抽象。欲彌補此缺失，許多學者常好引用較清晰、有條理、有系統的西方理論或研究方法來輔助。這樣的視野原無可厚非，但由於每位學者的外文素養深淺不一，因此轉譯的時候，仍出現被文字牽絆的魔障，以致纏繞半天，依舊不知所云。於是如何瞭解消化其內容，精準地用自己熟悉的語言流利表達，就成了一門工夫；也成了決定這些理論、方法是否能被廣泛接受的關鍵。如果個人外文方面的素養不好，

建議要慎擇自己看懂的翻譯本妥善運用；切忌囫圇吞棗，或強套強解，那必然會落入治絲益棼的窘境。

　　以此四標準來檢視弘學這本為通識教育而寫的「課本」，就值得向大家推薦！首先，這本書的附標為「哲學概論」，卻不照傳統宇宙觀、形上學、知識論的次第去撰寫，而是選了用哲學心靈去挖掘現代社會的若干危機，進而以倫理學的角度引導大家去深思可以解決之道。在這過程中，他簡要的介紹了西方功利主義，並以獨到的中國倫理議題去建構他的見解。最終則強調我們所處的法、政社會，是可以用倫理觀來解決問題的，並藉此凸顯傳統儒家思想的現代意義。明乎此，就可以了解他為何會用「哲學心靈與現代關懷」作為正標題了！

　　附帶一提，弘學是我服務東吳大學時期教過的學生，他上過我開授的兩門文學課程——「詞選及習作」、「蘇辛詞」。看著他從文學兼跨哲學、法律，已然青出於藍；看著他成為本人的同事，卻又尊師重道。如此「虛心」向學，「誠心」待人的年輕人，我能不被他感動，為他喝采嗎？是為序

　　　　　國立成功大學中文系教授兼文學院院長　王偉勇　謹識
　　　　　中華民國 104 年（2015）12 月 25 日

推薦序三

　　哲學思考源於人性內裡深邃之精神欲求，殆無疑義；然而，以當代哲學的發展歷程以及其所孕育生發的場域與情境而言，一個矢志以「愛智」為業者，實不能不在跨文化跨領域跨學科的多元向度之間，持續地為那正大步邁向未來的哲學思考添柴加油，而因此不斷地挖掘人性底層之意蘊，拓開人道展延之理想，以顯揚人世面面交映之願景。

　　因此，就一堂堂哲學課該當如何在師生來往之際真正地落實哲學思考的課題而言，如果我們還只是在文本閱讀、概念解析與理論建構等工作中打轉，而無法引領初學者進入哲學問題妙奧之氛圍、哲學心靈榮耀之光采，以及哲學作為吾人生活中一項興味盎然的探索歷程之間，那麼在那清冷而嚴肅的學院裡的哲學教育便將可能事倍而功半，甚至引來譏諷、輕蔑以至於讓人無以消受的負面之評。

　　正如上個世紀的大哲學家懷德海（A. N. Whitehead）暢論理性的功能時，特別強調理性與吾人心智之經驗、直觀之體驗，以及與吾人心志意向所貫注之企圖或目的之決斷之間的關聯性。懷德海此一卓見顯然已道出現代的哲學工作者理當具備的基本態度與生命關懷，實不能再落入理性獨斷與方法專制等弊害之中，而

應勇於探入心智與心靈無比廣大的疆域，甚至矢志超拔思考於自我提升之旅程，而進行所謂的「生命智慧」的開發。如此一來，吾人既已置身於現代理性不斷演生「臨界」經驗的生活場域，便不能不在「哲學心靈」的觀照之下，無畏無懼地面對種種道德之危機，而在追求幸福的路途上，避開陷阱，以不誤入歧途，而終能步上坦坦正道。

　　本書作者陳弘學博士撰作《哲學心靈與現代關懷──哲學概論的第一課》，即是他這些年來從事哲學思考並認真經營哲學課堂卓然有成的寶貴心得與斐然之成果，而他所最關注的，就是現代哲學在西方傳統之下所已然碰觸的諸多「臨界」之問題，如前述之道德危機、幸福歧路，以及倫理相對主義、結果論與義務論之辨證等種種倫理學問題；同時，弘學博士又通過他那警覺「理性的界限」的清明思考，而大大方方地在中西哲學兼具差異性與共通性的思考進路之間，來往自如地展拓他那游刃有餘的思考幅度，而終不侷限於一家一派之言。例如他以「唯識思考下的世界本質」為題，以「寂靜芙蓉自開落」為喻，試圖揚顯當前人類智性文化深層之危機。又如他在「道德所以然」的問題意識之中，從「客觀道德規範是否存在」，一逕深入道德判斷與道德行動所必然牽連的諸多問題；其間，他並佐以中國先秦儒家、墨家之哲學（特別是其中涉及倫理學與道德哲學相關的學說），而對比出具現代意識的哲學論見。

　　此外，弘學博士又以其兼具法學素養的學識背景，在「意義與規範」之間，進行其對羅爾斯的正義觀及其「無知之幕」，以及關涉「柔性權力與儒家王道文化」、「儒家思想與現代法治社會接軌」等哲學論題的探索，更可見弘學博士的哲學思考已然有

其「旁通統貫」之特質，而其昂然出入於中西哲學之間，乃在古典與現代相互輝映之間自在地進行「取精用弘」的真學問、真思考，而真正地以哲學為志業。如此一來，便不難想見弘學博士的哲學課堂的精采了。

因此，個人極樂意以忝為弘學初入哲學園地的一個小小引領者的身分，向所有關心哲學的未來以及哲學教育該何去何從的有志之士和年輕朋友們，強力推薦這本充滿創意並富含啟迪意趣的好書。

葉海煙於成功大學中國文學系

2016.1.4

自序

　　由於天性喜愛學習緣故，我在求學階段分別取得了文學、哲學、法律三種學位。也因為這層背景，現在乃在通識中心開設哲學概論、法政哲學、中國哲學概論三門課程。作為學術研究者，我覺得這是一件非常棒的事情。就好像音樂家一樣，無論他的琴藝已臻何境，每天基本功的訓練總是不可或缺；每次的複習，都會提供新的想法與感動。同樣的基礎學科教學實是學術研究重要的動力來源，除了能讓研究者的思緒得到沉澱，且可以跟各系優秀學生齊聚，共同探討學術本質性問題，更是智性生命至高的享受。

　　在我看來，通識教育也許是人文學者最重要的工作之一。人文學科既以「人」立名，核心價值自是通過觀念溝通與價值傳遞，建立一個和諧美善的理性社會。學術方法只是操作技術，人的精神提升才是根本目的。一般人不懂電磁學、微積分等知識，仍然可以享受科技帶來的便利。但就人文領域而言，假如人們不理解康德「道德無上命令」、孟子「四端之心」內涵，就不可能產生相應理解，再由相應理解產生生命實踐。學術研究可以專精，人文教育則必博雅。試想，假如企業家能夠認同環境倫理、政治家能夠厚實民主素養，對於社會必有無限的利益，人文學科

的價值也才能夠真正彰顯。

因為這樣，我特別喜愛通識教學，多年來也不間斷於民間書院講學，努力將學術最新研究成果傳遞給社會大眾。通識課程的特殊性在於它能匯集各學院學生，透過不同價值設準以及思考模式，大大豐富我的研究視野。每一次的講課都是一場智慧思辨之旅：你贊成安樂死嗎？器官買賣是否應該合法化？出軌為什麼是一種錯誤的行為？如果你是孟子、康德、羅爾斯，你將會如何回應這些問題……。

就像精彩的球賽需要兩組厲害的球隊，認真的講者也要好學的聽眾激盪，討論才不會冷場。不同的意見紛沓而至，煞是精采。我則時常扮演魔鬼辯護人的角色，目的並非馳騁口舌之能，而是提供另一種向度，引導學生通過智慧思辨找出自己的答案。正如孟子所說，得天下英才而育之，斯一大樂也。有時我竟不知是我在教學生，還是學生在教我。

這正是哲學訓練的一大任務！它的目的不在提供制式解答，而是激發每個人內在理性反思能力，掃除常識見解與錯誤思維。當錯誤的推論模式逐漸獲得調整時，我們不僅能夠享受理性思考的樂趣，同時也能產生淨化內心的功能，有如鏡子不斷經過擦拭，逐漸綻放智慧的光芒。理性思維是西方哲學的主軸，淨化之功則是中國哲學的精華。

在我看來，人文教育應當同時具備以上兩種功能。因為這個信念，我特別強調課堂禮儀，每次上下課都會遵循古禮，全班同學起立問好，師生相互敬禮一番。由敬而靜，讓彼此都能進入莊嚴的學習情境之中。人若缺乏安靜的能力，其實很難相應於哲學心靈。哲學心靈的一大特質，就是抖落事物紛擾表象，直接洞察

問題核心。這時候定靜之心乃是一個很重要的關鍵，也因此喜愛哲思之人多半具備獨處獨樂的能力，像是顏回、莊子等人都能安於貧而有道的環境；康德則是終其一生住在哥尼斯堡小鎮，過著極其簡單規律的生活。處在資訊密集、高度壓力的時代，我想這是哲學心靈可以帶給現代社會最好的禮物。

很高興上述理念能夠獲得通識中心陸偉明主任的認同，幾次書信往返，深深感受主任對於博雅人文教育的重視。承蒙不棄，邀我撰寫通識專書，由於可以整理自己的想法，也有助於作為上課輔助教材，我竟初生之犢不畏虎地同意了。只是知識性、歷史性的哲概用書坊間多有，質量俱佳者亦頗不乏。大部頭如威爾・杜蘭的《世界文明史》、專業深入如 D. J. 奧康諾的《批判的西方哲學史》、富有議題思辯性如 Wolff 的《哲學概論》，其餘專論形上學、知識論著作也多有可觀。為凸顯差異與兼顧講課需求，我於是將寫作主軸側重在個人反思部分，定名《哲學心靈與現代關懷——哲學概論的第一課》。

事實上哲學概論可深可淺，只要人類還存活在世界上，書就永遠寫不盡，課也永遠上不完。作為啟發進入哲學領域興趣之作，本書但以「第一課」稱之，因為興趣正是進入任何學問的第一步，孔子所稱「樂之者」是也。所以使用「哲學心靈」，表明知識性與歷史性的介紹並非筆者最大目的所在，重點在於我們如何使心靈相應於愛智之學；「現代關懷」則是任何一個知識分子都該具備的承擔，也是實踐智慧必要的歷程。

本書分為八章，每兩章共同承擔一個主題，時賅古今，論涉中西，寫作方式依討論主題不同，使用包括書信、散文、乃至小部分擷取學術論文改寫而成的嚴肅論說體。或輕雋隨興、或字

雕句琢，但求流暢有味，讀之欣然。體例筆法部分，幸勿求同。每章之前設想一些問題，旨在引起讀者閱讀動機；每章之後則依內容重點，羅列若干可再深入探討的問題，作為授課教師安排小組活動的參考。題目或許略嫌簡單，鋪展開來卻有廣大的討論空間。對話乃是哲學的重要傳統，筆者此舉旨在拋磚引玉，誠摯邀請讀者一同加入問題創作的行列。

此外，書中主題也不是依照傳統宇宙論、形上學、知識論等順序書寫。為呼應寫作意旨，第一章開宗明義揭示哲學心靈內涵與意義。第二章則是通過哲學反思，指出現代社會若干危機所在。三、四章討論知識論，但提點東西方幾種知識論主張，在深刻性上自然不足，卻能反轉常人常識理解世界的觀點。五、六章討論倫理學，一方面介紹西方功利主義，一方面處理中國哲學中幾個著名的倫理議題，多是筆者匠心獨運，發前人所未發之見。七、八章則是關於法政哲學的探討。這個主題屬於哲學旁枝，這裡僭越躐等，似乎不合格式。事實上處在民主法治社會，法政哲學一方面與現代思維密切關連，哲學界應有當仁不讓的承擔；更重要的是，將政治議題放在處理的優先序位，也反映了中國哲學問題意識與中心關懷所在。

中國哲學很大部分處理道德命題與政治思想，這是孔孟以來儒者的偏愛，本書處理知識論後便逕自跳至倫理學與法政哲學，表面上看似悖離傳統，但也僅是西方哲學書寫的傳統。就中國哲學而論，反而本色當行，道地自然得很。尤其第八章論及儒家思想的現代性意涵，包括王道文化與柔性權力概念的比較、儒家思想如何與現代法治價值並存等各種問題，都是筆者多年反思的成果。囿於出版篇幅所限，其餘形上學與美學等議題，則只能留待

下冊再行說明了。

　　再次感謝陸偉明主任的信任與鼓勵，本書不是嚴謹的學術或教學著作，多是哲學散論與個人沉思的集結，恐怕難入方家之眼。主任百忙中竟能撥出時間，費心閱讀，以學界前輩與過去撰述經驗，提供許多寶貴的意見，獲益之多、感激之情，筆墨實在難以形容。而通識中心王岫林老師、成大出版中心吳儀君小姐，也費心協助校稿排版問題，都是我初次出書的極大助緣，特此一併致謝。其餘疏忽粗淺處，則是筆者才力學識不勝所致，敬請學者通人多加見諒了。

2015.11.30

陳弘學謹序於成功大學中文系

第一章

哲學心靈的內涵與表現

〔閱讀前思考〕

1. 許多人認為學習哲學對於現實人生沒有任何具體的產值，因此主張哲學無用論，你認同這樣的觀點嗎？理由為何？

2. 哲學人（智者）和一般人在面對事情的立場上有什麼 www 差異？具備哲學心靈的人，將如何看待自己與世界的關係？

3. 你如何理解人類身心存續的三種境界：生存、生活、生命？哲學心靈依存在哪一種境界之上？

一、離開常識與慣性的思考模型

哲學（philosophy）一詞源自於希臘文 philosophia，philos 是愛，sophia 為智慧之義，哲學因此又名愛智之學。哲學家（philosopher）則是指智慧之友，philos 為朋友，sophia 為智慧，以追求各種智慧為己志。儘管哲學一詞最先是由日本人翻譯出來，但由於中日語言文化的緊密性，哲學確也「信雅達」地表現出其字面意義與內在精神。中文「哲」本是「明智」之義，如《尚書・皋陶謨》中有「知人則哲」一語；《詩經・大雅》也說「其維哲人，告之話語」，直到今天，探索人性本質及生命運作

原理仍是哲學家的主要工作,而「知人」也是世人推崇的智慧表現。可見智性生命乃是人類共同的精神需求,追求智慧的旅程也不是特定某學科、職業者的專利,而是每個人都當深刻思維學習的學問。

哲學自始擁有兩種截然不同的評價:愛之者尊於九天之上,主張哲學為一切學科之母,具有崇高的地位;否定者則抑之於九泉之下、棄如敝屣,以為哲學都無實益,實屬庸人自擾之說。作為一名哲學愛好者,我們自然不會鼓勵人們採取第二種觀點,儘管哲學確實無法產生任何具體的效能,如醫生、工人、農夫般解決現實問題或增加產值。但假如我們認同心靈也是一個要被呵護的對象,甚至是最重要的對象,那麼主張哲學無用論,顯然是個非常值得商榷的命題。它預設了可見利益才是利益,因此寧願讚嘆辛苦追求的財富,也不願意肯定產生心靈愉悅的哲學。

但心靈愉悅顯然是大家非常重視的事物,否則就無法解釋人們喜愛電影這件事。試想,看完電影之後除了心靈的愉悅外,觀眾其實沒有增加任何產值,電影中的美女寶藏沒有一樣帶得走,人們純粹只是享受兩個小時的愉悅罷了,但那短暫的快樂卻讓許多人心甘情願花上長時間的排隊與不小的金額支出。追求抽象的心靈愉悅才是推動物質文明發展的根本,外在物質成就只是這種精神外化的指標。因此除了少數守財奴,多數人追求金錢的真正目的,仍在獲得愉悅、滿足、榮耀等種種心靈感受,而非名車豪宅具有客觀的愉悅意義,寬裕金錢的價值在於實現這些感受罷了。

主張哲學無用論者陷入了一種非常有限的思維,不論是由社會或自我創造出來的價值框框來看世界。某個層面來講,這是一

件讓人同情的事情，好像一位重聽病患，他們只承認自己聽得到的聲音才是真實的，在否定其他聲音存在的同時，必將失去欣賞田園交響曲的機會。他們嘲笑世界的程度，正與自己心靈狹隘成正比，彷彿從來沒有見過大海的青蛙。儘管自有一套生存邏輯，但是因為不相應於哲學心靈（亦即離開慣性思維看待世界的模式），因此缺乏生命成長的可能。

　　哲學與數學一樣，都是高度理性思維的產物，也因此哲學心靈的敵人乃是常識。這裡所稱的常識，是指稱一種不加反思，根據慣性思維與直觀見解提出的命題。常人以為的正確，通過理性推導便會發現往往錯亂成一團，一如《趣味數學故事‧棋盤上的糧食》書中記載的古老寓言：

　　從前古印度有一個很聰明的人，發明了一種64格的棋戲，他將這個有趣的遊戲獻給國王，國王開心之餘於是下令賞賜獻棋人，無論他提出任何要求，國王都將滿足他。獻棋人宣稱自己只要一點食物就夠了，他請求國王在第一格中放入一粒米，第二格兩粒米，第三格四粒米，以此類推放滿64個格子就可以。國王的常識，讓他以為這個要求非常容易，因此一口答應了下來，一旁的大臣也都認為這是一個容易的請求，事實是，後來國庫已經空虛，國王發現他還是無法給付足夠的米給獻棋人。

　　從嚴格的數學邏輯而非常識的角度來看，為什麼國王無法給付足夠的米粒呢？根據獻棋人的要求，他的米粒數可以計算如下：

$$1 + 2 + 22 + 23 + 24 + 25 + ？？ + 264 - 1$$
$$= 18446744073709551615（粒）$$

　　一般可能無法想像這樣的數字到底有多大，數學家於是做了另一種轉換。造一個倉庫儲存這些米，若倉庫高四公尺、寬十公尺，那麼米粒堆放後的長度，則是地球到太陽距離的兩倍長，印度國王自然沒有能力支付這項獎賞。

　　引用這則故事的重點不在顯示級數的魅力，而是說明常識與純理性的差別。沒有經過理性的數學計算，你我多數人應該都會覺得這個要求並不困難，但是直觀（非天才的直觀）不假思索的後果，則讓我們陷入了「給付不能」的困境之中。數學這般，智慧也是如此。

　　常識是人類智性發展的極大阻力，它讓人誤以為地球是宇宙的中心、輕的羽毛會比重的鉛球更晚落地。如果沒有電腦記帳系統的提醒，許多人甚至以為自己的存款還有剩餘，但其實信用卡已經讓我們這個月的消費透支。科學與哲學的本質相同，都是一段離開身心感官常識，重新認識世界的旅程。通過幾百年的科學教育，多數人對於科學主張不再感到懷疑。我們相信黑洞可以扭曲時間、光線因我們的觀察不同而有波粒二重性，無論多麼違反常識的學說出現，只要掛上科學之名，多數人往往樂於接受。

　　也因為這樣，以下的事情更顯奇怪：人類耗費於獲得幸福愉悅的力氣絲毫不亞於科學發展，多半也願意承認精神具有根本性價值，但結果總是追求物質而輕視心靈。人們對於醫生用藥指示每每奉若聖旨、不敢稍違，但對於智者的智慧教言往往充耳不聞，總是想要憑藉自己的常識經驗過活。我們要問的是：「如果

世人的常識是對的、追求快樂的目的也沒變？那為何多數人仍然生活在不快樂之中？」

顯然當中一定有環節出錯，好比某人認為自己已經掌握了正確的投資理論，也每天致力於投資工作，並自覺利潤總是持續增加中，最後竟得到一個負債的人生。無論他有任何的說辭，事實證明：或者理論錯誤、或者方式錯誤、或者是認識錯誤（自以為在賺錢）；或錯兩點、或三點全錯，必然有個環節需要修正。同樣的，人們已經追求幸福這麼久了，但從個人乃至社會，到處都充斥了爭奪、貪婪與痛苦。顯然我們不能再耽溺於以往的慣性思維，而須以智慧心靈重新省思個人以及群體生命的意義，否則終將因為錯誤認知與執著，持續陷入痛苦不幸的輪轉之中。

二、超越而又不離的生命境界

人類的身心存續可以分為生存、生活、生命三種境界：所謂生存指稱一種人們只能想到「活下去」，也只知道「活下去」的狀態。處於生存狀態中的人沒有餘裕思考超越性價值與建立系統性知識，一切作為都只為了活下去，因此哲學、科學無法發展。有如處於險惡環境的土著，儘管具備熟練的狩獵技巧，但終究無法發展出動物學、地質學等知識。

事實上除了資源窮困地區，生存境界實充斥在每個領域。好比一位富可敵國的商人，無論他擁有什麼享受，假如他的心靈為貪婪所佔據，念茲在茲的都是生存的問題。或者計畫併購他人、或者恐懼被他人併購，可以說他同樣處在可憐的生存情境中。恐懼與貪婪緊緊纏縛住他的心，導致他不願意也沒有餘裕開展心靈

智慧。一個人乃至一個民族若只想到生存、只在意生存，在世俗上他們或許精明極了，在精神上他們也是可憐極了。

幸運的是，多數人還是可以從生存狀態提升到生活狀態。生活狀態中由於「活下去」不是唯一的考量，人們更在意如何活得更好與更愜意，因此擁有多餘心力可以建立系統性知識，科學文明就是如此。從畢達哥拉斯、歐幾里德、牛頓到愛因斯坦等，抽象科學知識帶動了物質文明的發展，物質環境的穩定也加速了知識教育的普及。所謂衣食足而後知榮辱、有恆產而後有恆心，即是說明這樣的道理。

但儘管知識安立在生活層次上，生活層次卻仍不足以安立智慧心靈，哲學心靈必然要安立在生命境界上。所謂的生命，指稱一種不為生存考量，超越利益計算的境界。在此境界中，人們不再為了生存而不得已奮鬥，也無關乎是否為了生活過得更好而學習。事實可能剛好相反，專注於追求智慧生命者可以超越生死，孔子所謂「朝聞道，夕死可矣」，而許多哲學家、思想家、求道者可能都是世俗認為的不得意之人，但是這種沒有「對價性」、「對象性」的智慧之愛，卻讓他們願意終其一生奉獻其中，無怨無悔。

哲學心靈就是一種生命智慧的追求，它不需要任何理由證成它，如我們追求哲學心靈是否是為了科技進步、人類的幸福等，但它卻是證成一切事物、行動的理由。哲學心靈的發用，是一種內觀自省的狀態，就像使用抹布擦拭鏡子一樣，每一次的擦拭都會讓鏡面更加清晰。由於這種明亮性，因此我們對於心與世界的運作看得更加清楚；由這種看清楚，產生的信心也就堅定不移，因此可以成為一切行動的動力根源。

　　許多人認為哲學心靈既抽象又虛玄，對於現實生命似乎沒有任何的幫助。實際卻剛好相反，哲學心靈才是現實幸福的根源。就好像雖然沒人有會用微積分泡牛奶，但沒有了高等數學，現代科技也就沒有發展的可能。看似無用之物，往往是有用之物的基礎，這就是《老子》揭示的「無用之用」道理，所謂「三十輻共一轂，當其無，有車之用。埏埴以為器，當其無，有器之用。鑿戶牖以為室，當其無，有室之用。故有之以為利，無之以為用」（第 11 章）。對老子而言，無用乃是大用，無為才能無不為，這些道理看似弔詭，卻是理性推導的必然

　　一旦哲學變成我們生命的一部分，我們會發現自己將慢慢從現實世界的價值觀中抽離。這當然不是說我們會從地球突然消失，或者成為一個憤世嫉俗的逃避者。而是指我們對於世界的本質會有越來越清楚的瞭解，由瞭解轉變觀念，由觀念轉變行為，最後從世俗的錯誤束縛中抽離。不可否認這種抽離往往伴隨世人的訕笑，一如老子所說「下士聞道，大笑之，不笑不足以為道」（第 41 章）一樣。

　　我所謂的超越，乃是一種看待世界角度與態度的轉變，人的心靈與現實世界假如沒有一定距離，往往就會陷入身在此山中，不見真面目的困境。因為看不清現象的本質，我們只能被動陷入世界帶給我們的表象迷障而無法自覺，哲學心靈帶來的智慧距離，恰巧可以破除這種幻象，一如有了一定距離，眼睛才能看清楚手腳一樣。事實上不僅哲學人如此，任何智性學問追求者都有這種類似隱士、求道者的特質。以科學家為例，很難想像如果居禮夫人、愛因斯坦熱衷於選舉、投資、夜夜笙歌的生活，他們是否仍能發現各種深刻的道理？而當科學家完全投入實驗與思維

之中，他其實與哲學人一樣，已經從這個世界超越。儘管他還是要吃飯睡覺，但是股市起伏對他而言已不重要，世俗的讚美或批判，也像夢境一樣虛妄無實。因為這樣，在許多電影中科學家總是以不通世故、略帶獃氣的模樣出現，事實上這種專注於智性生命開發而超越世俗價值羈絆的情操，正是人類文明前進的重要動力。

已故傑出演員羅賓威廉斯（Robin McLaurin Williams, 1951-2014）早年演過一部電影《春風化雨》，劇中一幕是在某一次上課中，他要求學生站在書桌上重新觀看教室與他人。學生一開始頗多遲疑，但就在他們站上書桌的那一刻起，一樣尋常的教室，似乎產生了變化，興奮與欣喜的眼神逐漸增加。我相信這絕對不僅是電影效果，因為我自己也曾在教室中練習過這個動作，並從中得到一種前所未有的感動。儘管教室、人物沒有什麼變化，但是觀看視野的改變無疑能夠轉化一個人的心靈，重啟他對生命的好奇與熱情──一種離開慣性思維看待世界的快感。

每一天對於哲學人而言都是如此的新鮮有趣，他對這個世界不再擁有平凡的觀點，也因此平凡束縛不住他。我們站在書桌上觀看教室已經如此，更何況是離地九萬里觀看世界？《莊子》首章〈逍遙遊〉中，莊子即以神奇豪放、恣意雄渾之筆描繪了一幅鯤化為鵬、扶搖直上九萬里的宏大生命景象：

> 北冥有魚，其名為鯤。鯤之大，不知其幾千里也。化而為鳥，其名為鵬。鵬之背，不知其幾千里也；怒而飛，其翼若垂天之雲。是鳥也，海運則將徙於南冥。南冥者，天池也。

《齊諧》者，志怪者也。《諧》之言曰：「鵬之徙於南
冥也，水擊三千里，摶扶搖而上者九萬里，去以六月息
者也。」野馬也，塵埃也，生物之以息相吹也。天之蒼
蒼，其正色邪？其遠而無所至極邪？其視下也，亦若是
則已矣。

鯤本是最小的魚子（魚卵），莊子偏偏用牠作為大魚之名，
言其不知幾千里之長；化而為鳥，其名為鵬，垂下翅膀則如蓋天
之雲一樣廣大。在地表，一公尺的圍牆人類都須繞道而行，一公
尺的坑洞也將阻斷車流的行進。但即使喜馬拉雅山能夠困住雄
鷹，對於環繞地球上空的衛星而言，那也不過只是一個點，它就
這樣劃過天際，瀟灑自在，一點影響都沒有。哲學心靈就是這種
九萬里高度的抽離，世俗心靈因為黏著在地表上，什麼境界都
有，什麼境界都是障礙。對於活在地表上的人言，這些困境是如
此地真實，導致他們不相信有解決的方法，也不相信鵬鳥境界的
可能，於是讓自己終生困在這樣的環境，求出無門，最多只能苦
中作樂罷了。

哲學心靈並不否定地表障礙的存在，只是想要告訴黏在地表
的人，這些牆籬坑洞不一定是障礙，除非我們只願意以障礙來看
待他們。一旦境界視野轉變，就好像坐在飛機上看世界，陡峭的
峽谷與險峻的崇山都不再是困難，反將成為生命旅程中的美麗景
致。這點很重要，任何偉大的精神文化都不能離開人與世界來思
考問題，更不能夠否定這些問題的存在，以免我們會對他人的苦
難不聞不問。我們從不否認喜馬拉雅山橫亙在前方，只是希望能
夠搭乘飛機超越，以欣賞而非陷溺的心境面對而已，這實在沒什

麼不好，不是嗎？歷來無數的智者總是如此教導，但人們終究堅持己見而不肯改變，不亦悲哉呀。

三、生命智慧的提升旅程

　　哲學心靈既有如此的價值，我們又當如何成為一個哲學人？他與哲學家又有什麼差別？在我看來，哲學家乃是以哲學為全部生活者；哲學人的範圍更大，他可以是醫生、商人，或單純的學生，無論以何方式維持經濟生活，內心則能真正而非點綴或者附庸風雅式地認同哲學價值。不論他可以撥出多少時間閱讀、學習、思考哲學，重點在於生命智慧的提升，必須是他很重要、甚至是最重要的價值根源。他必須將哲學心靈內化為生命實踐，就像我們深信喝水可以解渴、撐傘可以遮雨，然後自然而然地喝水撐傘般真誠。

　　從這個角度看來，哲學心靈從來就不是生活的知識，而是生命的智慧。我們必須把哲學心靈提升到這個層次，才有資格稱為哲學人，也才能夠領略哲學真正趣味與價值。在此我們有必要釐清「知識、智慧」的差別，才能徹底體會這句話的深意。

　　首先，知識是一種「量」的關係，例如科學知識、法律知識等都是如此。從無知到有知，我們學習越多，知識累積的量就越大，由於知識是量的關係，因此具有可比較性，物質文明即是建立在大量知識累積的基礎上，一如今天科技進步乃是人人有目共睹的成就。只是量中無質，累積一百滴苦澀的咖啡也變不出一杯甜茶來。哲學追求的乃是智慧，知識的量並非它最關心的課題，甚至擔心常人可能迷炫於知識的追求，而遺忘了心靈智慧的開

展。智慧是一種「質」的關係，它不是「多或少」而是「有或沒有」的問題，好像燈泡一樣，或者亮、或者不亮，沒有亮一半的中間狀態。但是質中有量，一旦開啟燈泡，就有亮、頗亮、很亮等差異，此即禪宗所謂小悟、大悟、大徹大悟境界的殊異。

其次，知識停留於理解，智慧則是一種實踐。許多人將哲學當作一門知識，他們可能閱讀了大量哲學家的傳記、熟記東西哲學發展史，乃至對於各種名詞倒背如流，但那僅止於知識的學習。口才好的話，他或許能成為一名優秀的哲學老師或演說家，但假如哲學沒有內化為生命的智慧，一種根深蒂固、真誠無私、沒有對象對價關係的觀點與行動，我們仍然不應許這位哲學老師為哲學家乃至哲學人。一旦他面對生命變化、境遇起伏時，所有這些停於表面的知識都將毫無用處。

從這個角度來看，知識有時不是智慧助力而是阻力，世俗中越有知識的人，反而更難相應於智性生活。這使許多古老的智者都提出了拋棄知識的主張，東方哲學中這個立場更加明顯，如同《老子》所說：「為學日益，為道日損」（48 章）、「知不知，上；不知知，病。夫唯病病，是以不病」（71 章）。人類越是學習知識，越是增加（益）生命的負擔，學道就是去除（損）後天附加包袱的旅程。而莊子也在〈齊物論〉中對於迷炫於名相知解者發出了這樣的感慨：

> 大知閑閑，小知閒閒；大言炎炎，小言詹詹。其寐也魂交，其覺也形開，與接為構，日以心鬥。縵者，窖者，密者。小恐惴惴，大恐縵縵。其發若機栝，其司是非之謂也；其留如詛盟，其守勝之謂也；其殺若秋冬，以言其日消也；其溺之所為之，不可使復之也；其厭也如

緘，以言其老洫也；近死之心，莫使復陽也。喜怒哀樂，慮嘆變熱，姚佚啟態；樂出虛，蒸成菌。日夜相代乎前，而莫知其所萌。已乎，已乎！旦暮得此，其所由以生乎！

或許因為這個緣故，許多哲學家乃樂於承認自己是無知者，例如《對話錄》中，蘇格拉底經常在各種討論中以宣稱自己是無知者作結。他的學生柏拉圖則說：「不知道自己的無知，乃是雙倍的無知。」事實上知識不一定是智慧的敵人，但為什麼在許多哲人眼中，他們往往沒有變成朋友而成為對手呢？追根究柢，實是「知行的不合一」與「迷炫於知識表象」兩大原因所致。

就像人們不能期待看見美食圖片就能飽餐，一個倫理學學者如果沒有實踐，他可能是個暴躁的父親、吝嗇的朋友、自私的老師。即使他對自家學派的倫理主張無比熟悉，偶而會在講課時稍稍起了一點反省慚愧心，但是這種反省慚愧很快又被下一個知識浪潮淹沒。他會設計出一套完美的論述，從中找到自己所以必須如此生氣的理由。也因為他的知識實在太豐富了，好像大水才能積聚成大浪一樣，這些知識之浪如此強大，導致他的反省念頭一下就被沖毀。當我們沉溺於知識的追逐時，往往忘了知識導向的終點在於智慧成就，在知識追求的過程中自我迷失而生滿足感與驕傲心。就像沙漠中口渴的旅人對著甘泉，但沉迷於水質調查分析，卻沒有體驗甘泉的滋味一樣，可憐復可悲。

智慧的追求則不爾，它是一種以理性為前提產生的深信心與行動力，既沒有知行不一的顧慮，且知識「量」的多寡從不影響智慧「質」的發用。因而每一次智慧的發用，都是生命的洗滌與

更新，好像用清水清洗衣服一樣，清水只會洗去衣服上的污漬，卻不會在衣服上留下水痕。因為這樣，哲學心靈必然導出智慧之用，智慧之用也將深化哲學心靈，二者永遠相輔相成、相伴相隨。

〔閱後再思考〕

1. 孔子說：「知之者不如好之者，好之者不如樂之者。」三者差別為何？試從生存、生活、生命三種層次切入思考。

2. 請分組拍攝校園或上班途中景致，通過相片的角度重新詮釋我們每天慣看的風景，引導同學發現看似平凡景物中的不平凡思維。

3. 推薦觀賞影片：羅賓威廉斯主演，《春風化雨》（*Dead Poets Society*），1989 年上映。

第二章

哲學心靈觀照下的現代危機

〔閱讀前思考〕

1. 現代社會乃是一個高度連結而又複雜的有機體,這種生活模式無疑是人類智力發展的成就,但是對於未來發展優缺利弊為何?試闡述你的觀點。
2. 你認為現在社會最大的道德危機是什麼?什麼樣的環境會讓個人的理性與良知得到隱藏與麻痺?
3. 幸福的本質是什麼?什麼是決定幸福的關鍵因素?科技文明是否能為人類帶來真正的幸福?

一、大到看不清的互動系統

小時參觀國立自然科學博物館,展館中有隻巨大的恐龍模型,尾巴繫著一根鎚子,敲打幾秒後恐龍大腦的燈泡才會發亮,代表牠感受到了痛楚。那是讓我印象非常深刻的一個遊戲,當時年紀小,自然不會有什麼特別的體悟,只知道恐龍的體積太過龐大,導致它對痛覺的反應過慢,同時無法處理傷口被咬後各種發炎與潰爛。哲學心靈觀照下的現代社會情境,其實與這隻恐龍非常相像。

　　現代人類社會的危機，在於我們締造了一個龐大的複式連結體系，從金融秩序、法政體系到網路世界，結構如此複雜巨大卻又環環相扣，每個領域似乎都有專家把關，但似乎也沒有誰可以看清楚它的全貌。一杯咖啡可能連結到地球另一端某個佃農女兒的就學命運；一個新的網路平臺出現可能又將導致眾多產業走入夕陽。在這個複雜的混沌系統中，我們再也無法單純追索一個現象的來龍去脈而予以對治，儘管人們知道蝴蝶拍翅將會改變天氣型態，但是如何改變？變好變壞？卻是一點頭緒也沒有。無論我們有多少專家與天才，每個人就像埋頭賽車的車手，只能專注眼前加速往前衝，不僅無暇顧及路邊的風景，更危險的是，再也看不到真正的樣貌。也因此越是天才洋溢、掌握權力的人，越有可能製造各種奇怪理論與可怕災難。

　　例如某些經濟學家認為放任毒品自由合法化，通過市場的供給需求機制，反能有效抑止毒品的氾濫。提出這種主張的學者，只專注於理論建構，很少乃至完全忽略道德、人性、正義各種層次問題的考量。又如天才數學家馮紐曼，他是賽局理論的發明者，擁有不可思議的記憶力與數學天分，其史學知識可以與當時第一流史學家媲美。儘管他具備了跨領域的天才特質，不過他的道德理性不得不讓我大為搖頭。

　　馮紐曼為人風趣，擁有豐富的社交生活，身邊總是圍繞著朋友與崇拜者。二次世界大戰結束後，由於投擲原子彈產生的內疚感，許多參與曼哈頓計畫的科學家多數不願張揚這段歷史。馮紐曼剛好相反，他沒有任何良心譴責與內疚之意，除了繼續留在軍方擔任顧問，並投身各種軍事研發計畫，最讓我感到不可思議的，則是他根據賽局理論所推導出來的預防性戰爭概念。

馮紐曼後來罹癌逝世，《氫彈》一書作者萊爾曾在《生活》雜誌上為馮紐曼寫過一篇充滿讚美的悼文，其中寫道：

> 在軸心國被擊敗後，馮紐曼敦促美國立即製造更強大的原子武器，並在蘇聯可能開發出核武之前使用它們。這可不是情緒化的聖戰，馮紐曼像其他人一樣冷靜推理後認為，世界已經變得太小太小了，各國不可能獨立處理自己的事物。因此世界政府是不可避免的──而且越快越好。……

馮紐曼當時有一句名言是：「對付俄國人不是意願的問題，而是時間的問題。」身為強硬的戰略家，他是少數擁護預防性戰爭的科學家，曾在 1950 年說出：「如果你問我明天為什麼不用原子彈去轟炸它們，我要問為什麼不今天就去轟炸呢？如果你說今天五點鐘去轟炸，那我要問為什麼不今天一點鐘去轟炸呢？」[1]

現在看來，馮紐曼的主張極其荒謬，世界並未如他預言的蘇聯勢力坐大並主動發動核戰。有人或許會批評我乃是站在後見之明發言，但事實證明馮紐曼終究錯了，不是嗎？這個錯誤並不是買錯點心、搭錯火車一樣細微，假如美國政府當時果真聽信馮紐曼建議，則那將是場毫無必要、且會引起人類全體生存危機的核子戰爭。

進一步思考，馮紐曼的預防性戰爭其實就是入侵戰爭，他確實是個優秀的數學家，建立的模型或許具有系統內的一致性，但是作為一個宏觀知識分子顯然是不及格的。他的專業只有在數字

1　William Poundstone，葉家興譯，《囚犯的兩難：賽局理論與數學天才馮紐曼的故事》(新北市：左岸文化，2011)，頁 191-192。

構成的理性世界中有效，但即使擁有無與倫比的歷史知識，他對真實歷史的判斷著實謬以千里。

由於長期以來人們對於天才的崇拜、馮紐曼幽默且善與人交際的性格，以及最重要的世界舞台的發言權在美國，馮紐曼並未受到太多的批判。當然也有可能是人們覺得學者論政不痛不癢，因此懶得評論吧！但是馮紐曼的言論總像是好萊塢電影中的邪惡科學家，冀望透過戰爭締造他們認為的和平。至於生命的哀嚎，戰爭的慘酷，顯然不是他們願多關注的重點。

我且引用《僧侶與科學家》書中某段對話讓大家參考。與談人鄭春淳是天體物理學家，美國維吉尼亞大學教授；馬修‧李卡德為佛教僧侶，出家前乃是一位分子生物學博士。以下是他們兩人對話中的片段內容：[2]

鄭：你提到這一點正好是我許久以來對科學界的疑惑。你有所不知，我十九歲前往加州理工學院，得以親炙諾貝爾得獎人和國家科學院院士等最偉大的科學家，當時我天真地以為，才氣和創意必然會使得他們在人生面、特別是人際關係上超人一等。我相當失望。你可能是偉大的科學家、是那個行業裡的天才，但在日常生活上依然是無聊可厭。這不相稱的情況出乎我意料之外。我心想，佛法或其他形式的性靈學，或許可以彌補科學的不足地方，特別是道德倫常上。

偉大科學家在人際關係上乏善可陳，科學史中不乏其

2　馬修‧李卡德、鄭春淳，《僧侶與哲學家》（台北：先覺，2003），頁20-23。

例。堪稱除愛因斯坦之外最偉大的物理學家牛頓，就是個明顯例子。他對待倫敦皇家科學院同事的態度極為專橫，曾誣控萊伯尼茲剽竊他所發明的微積分學（其實是兩人分別發明），又以惡劣方式對待對手──御用天文學家弗蘭史蒂德。更等而下之的事，勒納和史塔克這兩位榮獲諾貝爾物理獎的德國物理學家，都宣稱「德國科學」優於「猶太科學」，熱烈支持納粹及其反猶太行動。一個人兼具科學才情和敏銳的道德倫理觀，雖偶爾有之，但極為罕見。被《時代》雜誌譽為 20 世紀最傑出的愛因斯坦即為其例。第一次世界大戰期間，愛因斯坦簽屬反戰陳情書，無畏地反對德意志皇帝；納粹主義在德國勢如燎原時，他成為熱忱的猶太復國主義者，同時也提出阿拉伯人在研議中的猶太建國地中的權益問題；移民美國後的他，在篤信和平主義同時，支持武裝介入以制止希特勒。他體認到同盟國必須阻止德國人發展原子彈，於是致函羅斯福總統，從而延伸出「曼哈頓計畫」；長崎和廣島毀於原子彈後，他強烈反對核武擴散。他反對麥卡錫主義，並以崇高的聲望抨擊各式狂熱主義和種族主義。

不過，愛因斯坦的私生活也有陰暗面。他是個冷漠的父親，有時甚至是不忠實的丈夫；他跟第一任妻子離婚，又冷落殘障的女兒。誠如他自己所說的，在她私生活彷彿有一條斷層線，「像我這樣的人，經歷了決定性的人生轉捩點之後，對純粹個人和短暫無常的事便興味索然，而把所有心力投注到對事物的瞭解上。」

馬：毋須譴責或溢美科學家。重要的是，科學才情和人
文價值觀之間缺乏關聯。這也使我們得以把科學放在它
應有的位置上，從更廣大的人生角度上來看待，並問它
的真正作用到底是什麼。

我認為性靈就是個人轉化的方法，是人類基本需要，不
是純粹彌補科學的不足而已。這是科學界真正的問題所
在。個人轉化絕非易事，即便是專精一志也不容易，若
是只把它的重要性擺到次要地位，成功機會自然更加渺
茫。性靈轉化本應在生存上占有核心地位，如今既視為
選擇性的附屬物，把它放在背景地位，整個科學事業便
因而蒙上陰影。科學事業的意圖不明，手段往往未經妥
善評估，結果就會出現兩極化；若不是基本上出於正面
和啟智的動機，則探求知識可能的極限必然會優於想要
或必要的考量。

有些科學家認為自己的工作完全在於探索和發現，至於
如何利用研究成果就不是他們的責任了。這種立場純屬
妄見、率性無知，或者等而下之的公然詐欺。知識產生
力量，力量須有責任感，應為負責起自身行為的直接或
間接後果的意識所制衡。

科學研究通常（但未必）動機純正，只是後來落入政治
人物、軍人和商人手中，用途才令人質疑。科學、權力
與經濟關係密切，這是任誰也不能輕忽的。然而，研究
成果遭到「誤用」雖是不難預測，卻鮮見科學家出面質
疑，縱然有也是在實際起疑之後，那幾位原子彈之父就
是這種情況，其他人甚至拋開基礎研究應有的中立性，

公然協力生產細菌武器等各式招來苦難的工具。

鄭：科學家刻意致力於發展死亡和大量毀滅性的工具實
在無可原諒。越戰期間。我駭然聽說多位極出色的美國
科學家，包括若干諾貝爾獎得主，都是五角大廈所設
置的「傑森委員會」的成員，為軍方開發新武器提供建
言。這些大人物每個月開會，只為了設想殺人無數的武
器，令我震驚不已。

　　這就是這個時代的危機，在大到看不清的系統中，每位專家
都根據自己的專業發言，確實也有局部的合理性。但越是堅持己
見為正確，得出的答案越有可能成為一種偏執的錯誤，直到不可
彌補的禍害產生。

二、個人無責任的道德危機

　　伴隨「大到看不清」系統產生的過患，乃是「個人無責任」
的道德危機。確實如此，如果我們不小心讓他人跌倒受傷，口頭
上也許會道歉，但內心的自責感多半遠不如故意開玩笑所致；又
如我們因為不知道爐台燒水而引起火災，其中產生的自責內疚，
也比不上一再被叮嚀而仍然引發火災的程度，甚至還是自認倒楣
的成分居多——我有過失，但沒有故意；我有道義責任，但不是
道德瑕疵。這是社會複雜化後帶來的副作用，因為大到看不清，
良心與反省力就隱遁在其後；因為責任在我們，不在我，所以錯
的是我們，不是我。以下是我從前寫的一篇〈山居隨筆〉，其中
說明了個人無責任的可怕。

〈山居隨筆〉

那一陣子我正如火如荼地準備研究所考試，房間的桌子上堆滿了書本與筆記，每到假日整天就是消磨在其間，艱苦地攀尋我的未來。睡覺成了最好的娛樂與休息，尤其在這寧靜的山中午后，聽著門前的風鈴叮叮噹噹地搖呀搖，更添一分慵懶的味道。這天我躺在溫暖的被窩中，昏沉沉地正要入睡，似睡非睡間彷彿聽見窗外傳來兩個小孩的話語：「哇啊！有青蛙、有青蛙，姊姊、姊姊我要這一隻。」那聲音輕飄飄地鑽進了耳朵，聽到「青蛙」兩個字，昏沉空盪的腦袋頓時清醒起來。

我寄居在外雙溪東吳大學的後山，房間外面有座長方形水池，裡頭不但長生了許多青蛙和小魚，一到夏天還會開出美麗的蓮花。夏蟬秋蛋，禽語蛙鳴，多少年來這些山中友與我比鄰為伴，兩忘於江湖。如今牠們有難，自己當然不能袖手旁觀。「你們在做什麼呀？」披上衣服走到水池邊，猶帶一絲的睡意、我笑嘻嘻地問道。

「大哥哥、大哥哥你快一點來看，我們在捉魚，這裡面有好多魚喲。」小孩忙不迭地告訴我。

「原來你們在捉魚呀！」

「嗯！」兩個小傢伙點了點頭。

「妳是姊姊嗎？」我問其中的小女孩。

「對呀！」

「幾年級呢？」

「三年級，我弟弟還在唸幼稚園。」她一邊說，一邊費力地把漁網伸進水池，身旁的弟弟則是興奮地看著瓶中游來游去的小魚。

「好可愛的小魚喲，你們真厲害，一下子就捉了這麼多。你們喜不喜歡這些魚？」我問。

「喜歡哪！」小男生稚音未脫，神情之中透露一股說不出的歡喜。

看到他們天真熱切的模樣，原本打算禁止他們捉魚，此時不禁猶豫了起來。我想起自己小時候也曾這樣拿著竹竿捉知了，攜著魚網撈魚蛙。假如那時候莫名其妙被大人給阻止，心中一定會很失望的。畢竟我們也是出於一種好奇跟愛魚的心情，並沒有要刻意傷害這些小生命的意思。

我把雙手撐在膝蓋上，彎著身子看著兩個小傢伙捉魚。心中暗想也許可以換個溝通的方法，如此一來既不掃了他們的興頭，卻又可以保全這些多年的鄰居。

「捉到小魚之後你們要幹嘛呢？」不久之後我問道。

「要養呀！」姊姊答道。

「要養呀？那—」拖長尾音，我試探性地問道：「如果我們把它們放回去呢？」

「好呀！好呀！」弟弟爽快的回答，姊姊則是看了我一眼，似乎有一點遲疑，我於是繼續說道：「因為魚兒在這裡面住得很快樂呀！如果我們喜歡它們的話，就應該讓它們快快樂樂地在水裡游，對不對？」

「嗯嗯！」小傢伙一起點點頭。

很高興他們這麼明理，事情遠比想像的順利。我看了瓶子一眼道：「這個瓶子太小了，我們找個大一點的瓶子好了，這樣這些客人才不會太難過。」說完之後鄭重其事地指揮這次換水的任務，讚美他們是最有愛心的小孩，不像其他人一樣，捉到魚之後

便把可憐的小魚帶回家煮來吃……。

那天午睡醒來，我在一封電子郵件中提到這個有趣的邂逅。打著打著想起自己小時候捉魚撈蝦的情形。假如時間能夠倒流，當然我不會再這麼做；又假如當時也有一個人告訴我，喜歡牠們就要讓牠們快快樂樂在水裡游，不知道我又能懂多少？只是固然有些事情可以用天真帶過，有些事情卻是再多的抱歉也不能彌補，時間也許過了很久很久，內疚卻永遠存在。

§ § § § §

在我剛剛升上國中的那一年，被老師選為參加科展的成員。當時我們做的是生物組的實驗，每次用滴管吸取不同品牌的清潔劑放入水族箱裡，測定酸鹼值後觀察裡頭的大肚魚，探討清潔劑對魚類生態的影響。大肚魚是種生命力很強的魚類，可是每次檢視水族箱，看到的總是一排排肚皮上翻，腥臭不堪的魚屍。這個實驗一直持續下去，直到有一天我們終於領悟：哪怕是再小一滴的清潔劑，都足以殺死魚箱中任何一隻大肚魚。

多少年這件事情過去了，我的歉疚始終卻沒有減少。假如當時有人觀察我的行為模式，一定會感到困惑。因為就在國一的那條磁軌上，有過這樣的情形：有一天我吃完晚飯，發現一盒太陽餅中爬滿了螞蟻，假如不是因為掀開蓋子，牠們很可能隨著太陽餅被放進冰箱中，然後莫名其妙地凍死。我也可以丟掉這盒太陽餅，圖個眼淨與心安。只是那將惹來更多的螞蟻，在垃圾被掩埋火化時，造成更多的殺戮。幾經思考，於是那天晚上花了將近一個鐘頭的時間，拿著筷子將這些螞蟻一隻隻從盒中引渡出去。

多年後就在我準備研究所的某一天下午，這些遺忘已久的事情就像兩條平行線突然交集在一起。有時我會想起那些可憐的大

肚魚，偶爾也會對於自己英勇救蟻的行為沾沾自喜。然而這些片段從來獨立出現，直到今天終於扭轉在一起。我問我自己：「這是怎麼一回事！13歲的我拿著筷子救出一隻隻的螞蟻，卻用清潔劑謀殺一群群的大肚魚。」

也在敲寫這篇文章的同時，我想起了高中時候寫過的一篇文章，題目叫〈權利與道德〉，從日本軍閥、德國納粹到文化大革命，用著稚嫩半生的口吻大談「個體自覺」的重要與「團體興奮」的可怕。我在抽屜中找出這篇塵封已久的文章，讀著自己當年引用羅素《權力論》中的句子：「集體興奮是一種絕妙的麻醉。其間「理智」、「人道主義」甚至「自我保存」很容易被遺忘；其間殘忍的屠殺和英勇的殉難是同樣可能的。」二次大戰的時候，士兵們高喊著天皇萬歲，希特勒萬歲，然後將刺刀插入了別人的身體。在他的國家裡，也許是個慈祥的父親，但是在這一塊陌生國土上，他卻是個殘忍的劊子手。許多人把道德責任轉嫁給主義與國家，他們說服自己說：「這是為了主義」、「這是為了國家」，於是乎「個體良知」和「反省能力」便消融在「大東亞共榮圈」、「德意志帝國」的口號下。大多數人藉此規避掉思考，同時良心暫時得到了庇護，當獨裁者利用這些口號麻醉群眾，整個民族也就跟著一起瘋狂。

原來13歲的我做的就是這樣的事情，我理所當然地以為：「這是一個科展，這是一個實驗。嗯，溶劑放太多了，下次再減量。」甚至就連反省的念頭也沒有，就這樣大肚魚的生命被我給物化，眼中只有實驗數據，而不再是尊貴的生命。熟悉的文句一行行從我眼前掠過，不禁懷疑為什麼當年寫到這裡時，竟然沒有發現自己也曾犯過同樣的錯誤。從國一的科展、高三的文章，一

直要到某天午後邂逅這兩個小孩，這個領悟來得如此之慢，直到現在我終於明白。

我明白到、原來要呵護我們的柔軟心是這麼的困難，它需要不斷地滋潤與灌溉，否則便會因為「粗心」而乾枯。就像是一個籃球員不斷練習基本動作，只有每一個動作深深印入意識與肌肉，才能在瞬息萬變的比賽中投出精準的一球。而柔軟心不也正是這樣嗎？我們需要時時提醒自己、反省自己，否則便很容易迷失在「理所當然」的觀念中。每一個道理我們可能都懂，只是很少連在一起想，並且用來檢驗自己的行為。就像是我們都知道要尊重生命，可惜的是這些被拆了開來的「知道」，常常會被其他事物稀釋與掩蓋。

§ § § §

我是不贊成興建動物園的，有人可能舉出「教育」、「休閒」等等功能作為支持設立的理由。可是當我們牽著孩子的手說「這是河馬」、「這是孔雀」時，不就暗示了小孩子我們可以限制其他生命的自由，人類是站在宰制的觀點對待生命嗎？若有意若無意、我們都在灌輸「本位」的思考，所有的觀點都是站在「自我」的考量。然而我並不覺得學習認識大象的模樣，會比學習「尊重生命」更重要，現在我們「理所當然」凌駕人類於其他生命之上，很容易的、遇到某些微細的關節，我們也會凌駕自己於他人之上。一傳眾咻，牛山濯濯，於是乎我們需要不斷呵護本有的慈心，才能養成反省的習慣，反省說：「應該是樣子嗎？也許戶外教學需要一座動物園，可是假如我是籠子裡頭的獅子，我可不會需要一座動物園。」

如果有個人養了一隻企鵝，我們會指責他是自私的，怎麼

可以為了個人的喜好這麼做。但是現在是整個社會囚禁了這隻企鵝，在「社會」、「教育」這些大帽子下，分攤掉了彼此的責任，同時免於道德的壓力。在轉嫁責任的同時，我們似乎是安全的，「個人」躲到了「社會」背後；「人類利益」凌駕了「尊重生命」。原來我們怎麼樣看日本軍閥，動物園裡的動物就怎麼樣看我們；原來要長養我們的悲憫之心需要持續的耐心與不斷的反省，否則很多的生命便會犧牲在我們「理所當然」的觀念下。外國人習慣對於肢殘的馬匹進行人道毀滅，是呀！但那是「人道」呀！我們自以為是的「人道」！也許我們應該將心比心、推己及物，採取「馬」道的觀點思考這件事，不是嗎？當口號越響亮，思想就越容易隱藏，當群體越廣泛，道德就越容易分攤，而「慈悲心」與「柔軟心」也就一點一滴流失在其間。

　　我很喜歡佛經的結尾，經文總是說：「佛說此經已，一切世間天人阿修羅等，歡喜信受，作禮而去」。它總是提醒我們，這個世界有著無量無數的星球、無量無數的生命。佛經並不單單只是為人類而講，生命也非以人類為最長，我們只是這個宇宙的一員，必須尊重其他生命的自由。一個很簡單的道理，有時需要很久的準備才能領悟。終於在某一天的下午，我始體會到：反省之所在，智慧之所在；學習了謙卑，也就保有了慈悲。

三、走在追求幸福的歧路

　　身處資訊科技時代，資訊流通量越多，似乎代表人類的生活越美好，至少電視廣告都想散播這樣的訊息，而以擁有最新電子產品為樂的人確實也這麼認為。今天人們通過電視、網路廣泛吸

收各種訊息，無論政治、經濟、環保、教育……人人都能順口說上一番道理。這到底是好事還是壞事？根據我的觀察，隨著電視網路資訊流通，物質條件改善，人類的煩惱量實在是增加了。若將進步定義為幸福量的增加的話，則人類文明顯然是在退步中。關鍵在於我們錯誤理解了幸福的本質，因而採取錯誤的途徑，試圖通過外在環境的改變創造幸福。

幸福應由心靈定義，而不能由物質定義，要證明這點並不難。如果幸福來自於物質，如要賺取多少錢才是幸福，則所有窮人應該都是不幸福的，事實顯然並非如此。許多物質富足的家庭整日處在勾心鬥角、爾虞我詐中；貧窮之家每每出現父慈子孝、兄友弟恭的感人情景。請注意，我並非在說「金錢是罪惡，有錢一定不幸福」這種嘲諷式語言，而是表明幸福與財富沒有必然關係，有錢可能很幸福、也可能不幸福，幸福的量不由物質決定。

假如幸福的量不由物質決定，那麼為什麼在許多調查中，高收入者的幸福指數往往越高，低收入者的幸福指數隨之下降？這是因為財富有時有助於內在意志的實現，例如我們想要帶著心愛的女友享受耶誕大餐，財富顯然是一個要件，但真正引發快樂的原因在於「這個想法被滿足」，因此財富只是助緣。又好比當我擁有鉅額財富時，則我可以成為教訓部屬的老闆而非聽訓的員工，自尊心因此得到抒發。無論是欲望或者自尊的被滿足，種種跡象顯示，鏈結幸福的不是物質而是心靈；更明確地說，一切物質的追求，都是為了心靈的滿足。

沒有受過哲學分析訓練的人，容易迷惑於事物表象，每每誤將財富等同於快樂，從而產生錯誤的因果鏈結。好像一位從來沒有見過電梯的人，第一次在摩天大樓中見到老婦人進入電梯，一

分鐘後換成美艷的女子出現。由於這個現象是他親眼看見的，致使他對此事深信不疑，就這樣他滿懷興奮地不斷重複按下電梯開關，期待自己也能變回年輕英俊的模樣。許多人不明苦樂背後真正的成因，只是看見有錢的人笑口常開，貧窮的人每懷憂愁，因此以為財富等同幸福，則他與那位沒有見過電梯之人的見解實在沒有兩樣。

　　一個更積極的證明方法：從邏輯來說，唯有高階的價值才能影響低階價值，猶如只有《憲法》可以變更《刑法》，《刑法》不得變更《憲法》；只有頭腦可以指揮手腳，手腳不得指揮頭腦，我們據此得證《憲法》與頭腦的價值高於《刑法》與手腳。同樣的，我只見過心靈很快樂但物質不富有的人很快樂；沒有看過心靈不快樂而物質很富有的人很快樂。顯然心靈屬高階價值，物質屬低階價值，所以快樂才能超越貧窮影響，富有則不一定導出快樂。

　　釐清楚了苦樂的來源，回頭重新觀察現代物質文明如此進步的社會，我們就不得不承認人類的快樂是在減少而非增加中。舉例而言，由於科技改變交通的型態，臺灣由早期牛車、火車、高速公路乃至今日的高鐵，北高一日生活圈已經實現。從前臺北到高雄可能要花上一個星期的時間，現在搭乘高鐵只要兩個小時。許多人坐在整潔舒適的高鐵車廂時，都會慶幸自己不是生活在早期年代，才能享受現在幸福的生活，但事實恐怕不是如此。

　　首先，如果搭乘高鐵的目的是旅行，則旅遊是項高度牽涉心理認知的活動，因此即使有直昇機可搭，登山客仍寧願一步一汗水地攀登懸崖峭壁，強要他們搭乘飛機不僅不是享受，簡直是在剝奪他們的快樂。可知對旅行者或探奇者而言，高鐵不一定是他

們的最佳選擇，搭乘高鐵不知將會失去多少探險的樂趣。

　　另一種狀況，如果搭乘高鐵的目的是洽公，那麼一日生活圈的科技是減輕我們的工作壓力還是增加工作壓力？假設某甲被公司派到高雄收取帳款（其實改成出差開會也可以），那麼他就可以在一天之內從台北往返高雄，順利完成工作。比起一百年前要在緩慢牛車晃上一個禮拜，生理的舒適是無可置疑的。但是生理的舒適與心理的壓力無必然關係，顯然也是肯定的（否則我們就很難理解為何有人喜歡蒸氣浴或苦練武術了）。一般人最大的問題，是他們的苦樂往往依附於粗糙的生理感受，以致於慣性地將生理感受等同於苦樂指數。

　　事實上我們可以反過來思維：由於高鐵的發明，因此某甲才會被公司要求在一天之內往返北高，早上出門，下午五點準時回來匯報工作與打卡。他吃飯休息的時間不僅沒有延長，反而因此遭到壓縮。更糟糕的是因為交通的便利，公司必然賦予更多工作讓他勞心勞力；反觀一百年前的收帳員，由於到高雄要一個禮拜，老闆自然不會提出當天回來的要求。他將會有兩個禮拜時間完成這件事，且無手機、電子郵件、Line的騷擾。某甲是否因為這樣更幸福不敢確定，幸福來自他有沒有智慧，與交通便利程度無關。但是有一點倒是可以確定，高鐵的發明讓現代的甲比古代的甲工作量多了好幾倍（現代的甲因為收帳只要一天，其他時間因此要完成更多事）。如果他們都不是以工作為樂的人，現代的甲辛苦量反而高過古代的甲，而這一切正是高鐵造成的。

　　更進一步思考，既然一切物質追求都是為了心靈的滿足，真正的幸福源自於心靈，則一個理性社會必然要朝心靈成長的方向前進。遺憾的是，資訊的氾濫（電視、網路）早已麻痺掉了我

們的心靈，姑且不論價值觀扭曲的問題，科技進步讓人「執苦為樂」，掉進一個「比較不痛苦等於快樂」的價值泥淖中。臉書、即時通訊軟體就是一個明顯的例子。

中央通訊社曾經引用一篇外電報導（2013 年 8 月 15 號），美國密西根大學研究顯示，使用臉書雖會增加網路社交能力，但是可能越不快樂。原因在於臉書上的朋友雖然較樂於給予所需的鼓勵跟慰問，然而獲得一大堆不熟悉的陌生人按讚，終究比不過向好友訴苦時所能獲得的真心回應與慰問。他們針對年輕及成年族群進行調查發現，人們越是使用臉書，隨後的心情越差。研究主要執筆者、密西根大學社會心理學家克羅斯（Ethan Kross）認為：表面上臉書為實現人類社會連結需求帶來寶貴的資源，但我們發現臉書不但無法讓人更快樂，反而減少幸福感。研究人員找來擁有智慧型手機和臉書帳號的 82 名受試者，兩週後每天隨機發送五封簡訊詢問他們的主觀幸福感。受試者在某一時間點使用臉書後，在下一次回應研究人員簡訊時，心情反而越糟糕。兩週內越頻繁使用臉書的使用者，生活滿意度也隨時間大幅降低。[3]

3　〈臉書玩得愈多可能愈不快樂〉，《中央通訊社》，2013 年 8 月 15 日，網址：http://www.cna.com.tw/news/firstnews/201308150061-1.aspx。按：國內關於臉書現象研究的單篇或學位論文甚多。如 2013 年中原大學劉桂美碩士論文——《臉書炫耀行為之研究》於研究摘要中指出，女性比男性易發炫耀文，女性獲得讚數比男性平均高 4.6 個。親和性和開放性與臉書炫耀行為顯著性存在為相關，開放性特質低的男性在臉書上較容易在臉書上出現炫耀行為；親和性低的女性在臉書上較容易在臉書上出現炫耀行為。必須說明的是，多數論文主要研究臉書行銷模式，專門討論臉書使用者情緒、人際關係的著作相對較少，而且觀點多半秉持保留態度。如顏伯霖，《Facebook 對大學生人際關係相關性之研究》一書中指出：「過度使用可能會導致許多負面影響的產生，例如產生網路成癮現象，同時，過度使用

不可否認也有另外一種相反意見，根據美國《時代》雜誌報導，美國加州大學聖地牙哥分校、耶魯大學以及臉書曾經共同合作調查超過一億名美國臉書使用者，在 2009 年 1 月至 2012 年 3 月的貼文內容，藉此分析一個人的情緒轉變是否會影響到臉書上的其他朋友。研究結果發現，每一則負面情緒貼文會引發 1025 則負面貼文，而每一則正面情緒貼文則會引發 1075 則貼文。顯示在社群網站上，正面情緒傳播的力量大於負面傳播力量。[4]不過這項研究只有針對貼文進行採樣，且是根據電腦關鍵字進行分析，無法探究作者的真意。更重要的，發表負面貼文與回應的數量多寡根本與快樂無關，因此該研究的結論實在讓我感到懷疑。

至於我個人則是從每天使用臉書轉成臉書關閉者，不是臉書讓我憂鬱，事實上我在上面極少分享個人生活訊息，每天散播正面能量這點也確實讓我感到愉悅。問題是臉書太耗費時間了，以致沒有辦法好好專注於眼前的事物。關掉臉書後，生活一切如舊，心靈卻因此有更多沉澱的空間，快樂指數明顯增加許多。

資訊時代的危機，在於它製造了一批高度依賴它的人，人們由自己內心產生快樂的能力與基礎越來越脆弱。由內心產生的快樂不假外緣，不需要好朋友一同出遊，或山珍海味羅列滿桌，外在條件限制越多的快樂就越脆弱。反之，如哲學思維則是一種內心自然生起的喜悅感，無人可以剝奪。只是現在人人守著電視過

是否會造成部分人際互動指標的降低，以及會對使用者本身造成什麼樣的生理與心理層面的傷害，這有賴後續研究人員深入研究。」雖然對於過度使用提出警告，但卻並未直接導出「臉書玩越多可能越不快樂」等結論（屏東教育大學教育科技研究所碩士論文，2010，頁 122）。

4　吳凱林編譯，〈太常上臉書，真的讓人心情變差？〉，《天下雜誌》，2014 年 3 月 13 日。

活，電視內容喜則喜，電視內容憂則憂，多半依靠外在訊息的提供決定今天的心情，這意味著人們沒有真正的自由。儘管許多人宣稱資訊社會的各種發明乃是中性的，但是因為它讓許多人陷在半虛擬的世界無法自拔。凡是依賴外在條件的快樂，都是短暫而有副作用的，依賴程度越高，快樂的質量就越少。作為一名哲學人，我在此衷心建議大家遠離這樣的生活形態。

〔閱後再思考〕

1. 追求智性發展乃是文明躍升的動力，在智性至上的年代你認為科學家是否有義務負擔人類幸福與道德考量？科學發展與道德生活的價值孰為優先？

2. 某家公司專門研發護膚美容產品，為了尋找最好的配方，每次都以動物進行實驗？你贊成這樣的行為嗎？又如果改成研發藥物，實驗成功可造福許多重症病患，你的答案又會是什麼？如果不影響實驗變因，在靈長類動物與兔子之間你又會選擇哪一種？

3. 推薦觀賞影片：柴靜，《柴靜霧霾調查：穹頂之下　同呼吸共命運》紀錄片，2015 年 2 月推出。

第三章

理性的界限（一）
關於西方知識論的幾種主張

〔閱讀前思考〕

1. 什麼是「真實」的定義？我們現在在大學中所學到的知識是否都是真實的？還是務實有用的？如果並非真實，人們為何還要研究學習它？

2. 懷疑一切知識乃是現代科學發展的動力，從這點來看懷疑論者應當是最有知識之人，但為什麼哲學家會說懷疑論者無法建立真正的知識體系？

3. 你認為人類知識的來源是先天內在於觀念之中？還是通過後天學習獲得的呢？

一、有效不等於真實

　　一般人容易常識性地以為，有效的知識等同真實的知識，至少是存在的知識。事實上剛好相反，許多知識或許是有效的，但卻沒有任何真實的意義。舉例而言，在這個虛擬遊戲盛行的時代，廠商總會推出各種遊戲的破關秘笈，內容記載哪裡有魔王、哪裡有金幣。但無論多麼風行暢銷、滿溢商機，我想沒有哪所大學願意為它特別設立系所進行研究；即使有，恐怕也沒有家長願

意讓自己的小孩進入就讀吧！

學校為什麼不願意開設相關科系？因為這些秘笈中的「知識」沒有研究的真實意義與必要性，同時也缺乏成為系統知識的可能。當遊戲中的主角在第三關遇到魔王時，並不是因為客觀世界有個魔王存在那裡，而是因為設計師想要這麼做的。或許因為那天出門工作前與妻子吵架，心情惡劣影響所致，設計師憤而提前將魔王由第四關改到第三關出現；當然也有可能是隨機、趣味導向的設定。

無論如何，這些規則缺乏必然性與實質意義，對於他款遊戲也不構成任何拘束力。假如明年這款遊戲不再流行或生產，相關研究論文與著作都將成為廢紙，對於其他遊戲也無任何實質的助益。不可否認這些秘笈的知識是「有用的」，結果上它幫廠商賺到錢，事實上也讓許多玩家感受到愉悅，但客觀上終究不真也沒普遍性，因而缺乏成為真正知識的資格。想來喜新厭舊的玩家必不可能為它請命，為了要求成立專門研究科系而走上街頭抗議。

必須提醒的是，並非所有沒有真實性的知識都不能成為一門學問或學術，剛好相反：除了少數孜孜矻矻於追求真理者如哲學家、宗教家、科學家外，大多數科系研究的，其實只是有用而非真實的知識。這段話看似拗口但卻不難理解，例如文學家研究《紅樓夢》的人物性格，法律人學習的法律知識多半屬這一類。

我們學習《刑事訴訟法》時，其中規定如何發動訴訟、如何提起上訴、非常上訴、再審的要件是什麼？除關涉實體正義的研究外，多數時候我們只是在講一種有用但不真實的知識。法條就是一種人類社會制定出來的遊戲規則，與電玩秘笈中的設定一樣，只是一種共同同意。哪天當投票通過的門檻由 4/5 改成 3/5

時，它就改了，地球依然運轉，世界不會滅亡，什麼事都不會發生。這樣看來，兩者真正的差別在哪裡呢？是什麼決定他們得以列入學術研究、大學教育的門牆之列——儘管他們都不真實，只是有用。這裡我們不得不承認，實是基於現實利益的考量，《刑事訴訟法》由於影響人類生活深刻且重大，因此我們研究它，而非它是客觀真實的知識。

由於哲學人追求真實的知識而不考慮現實利益大小，許多人反而據此認為哲學乃是虛幻不真的學問。因為務實的知識往往不真，不真的知識往往務實（能夠賺錢）。如修車技術很務實也能讓人賺到錢，但是這些知識必須伴隨「有車子存在」這個前提，在地球出現車子前或車子從地球消失後，這些技術都將失去它的客觀意義。反過來說，我們雖看不見 $a^2+b^2=c^2$ 或 F=ma 公式的存在，但這些抽象數學物理法則卻又如此真實緊密地主宰了我們的世界。

儘管如此，哲學仍然遭遇極大的挑戰！真的有客觀普遍真實的知識存在嗎？會不會上述 $a^2+b^2=c^2$、F=ma 等公式看似普遍客觀，但仍只是某個更大遊戲中的規則？我們會不會是某個巨人心靈的觀念？某種高級生命設計的電玩遊戲？我們認為這些物理數學法則如此確定真實，只因為我們都離不開某個軟體，生命經驗中以為的絕對真實，其實終究缺乏真實義。（哲學人似乎是種奇怪的生物，面對現實世界複雜的人事物，他們往往單純得幾近無知；但對常人以為簡單自明的道理，卻又思考得異常複雜。）

上述這個反向思維雖然頗荒誕離奇，但也不是不可能。舉例而言，如同我昨天作夢時，由於我是夢中的上帝，因此在夢境中所有地球物理法則都不適用，人類可以恣意飛翔、鯊魚則在沙漠

中冬眠。夢中的我化作生物學家與物理學家,可以想見在夢境中
所歸納出的三大運動定律,絕對也與地球物理不同。不需要任何
理由,動者可以突然靜止,重力加速度也不復存在。但無論如何
精巧細密,一旦從夢境醒來,夢中所有演繹歸納得來的知識都將
化為烏有,沒有任何真實義。哲學家的憂心即在於此:我們花了
如此大的心力,分析歸納建構各種知識體系,會不會某一天從巨
人的心靈醒來後,全部成為幻影?常人必然說絕對不可能,但他
們又拿什麼保證?別忘了,人類曾是那麼真實地相信天圓地方、
地球是宇宙的中心、時間是客觀不變的,這些「知識」今天看來
全部都是錯誤的。

二、笛卡兒的懷疑方法與重新建構

　　「夢境譬喻」這種思考是東方的提問法。在西方,思想家則
總是擔心會不會有一個魔鬼主宰著我們的心靈,我們以為的真實
世界與知識,都是魔鬼欺騙我們的結果。其中又以笛卡兒(Rene
Descartes, 1596-1650)的懷疑哲學最為著名,《dtv 哲學百科》如
此介紹他的懷疑論。

　　笛卡兒在《方法導論》中介紹了其方法的根本特性。他提出
的要求為:

- ·避免一切偏見,僅承認可認清楚明確認識者為真。
- ·一個難題在處理之前儘可能先分解成部分。
- ·從最簡單的對象「階梯式地」跨入複雜的對象。
- ·藉由列舉來保證系統的完整性。

這種挪借自數學的方法應當應用在一切可能對象的研究

上。它的目標是獲取關於「單純事實」的知識（分析法）：

他們必須有立即的明證性（直觀）。

從這樣的認識（確定而明證的認識）應該可以演繹、導出可推論的句子。

笛卡兒哲學原本的出發點是懷疑：

笛卡兒依循他方法上的精神，尋找一個不再可以被懷疑的真理。

在《第一哲學沉思錄》中六個沉思的第一個裡，笛卡兒著手進行「一切意見的顛覆工作」：

他淘空思想的每個基礎，不僅懷疑感官知覺，也懷疑記憶力，乃至最明顯的事物：「在我把 2 跟 3 相加時，我不是也可能犯錯嗎？」

因為有可能是上帝或一個「惡靈」故意在每件事情上欺騙人類。

懷疑過了一切之後，笛卡兒終於找到了最自明的、最不可懷疑的事實：自我意識。即使是在懷疑中，我也必須假設我的存在：

「於是我觀察到，在我思及一切都不無虛假的可能之時，在作此想的我必然是一個什麼，而且我發現『我思故我在』這個真理是如此牢固、確實，以至於……懷疑主義也無法動搖它。因此我認為它可以是我尋找中的哲學第一原理。」

是以，主體的自我意識便是笛卡兒奠立其哲學其他部分

的根基。[1]

笛卡兒本身是個數學家，絕對精準的理性精神讓他將數學的思考模式與建構方法帶入人文科學中。笛卡兒要求我們必須在一個穩定的基礎上建構知識，而不再憑單純的感覺、傳說、理所當然為基礎進行哲學論證，因為這樣，笛卡兒要求我們必須懷疑一切知識。與懷疑論者不同的是，這種懷疑並非沒有任何目的的懷疑，而是為了通過徹底檢驗，讓知識體系每根柱子都堅固確實而發。

懷疑論者則為懷疑而懷疑，他們對於知識只有單純破壞而無任何的建設，這點讓許多人頭痛不已。不是因為他們的懷疑有道理，剛好相反，許多懷疑是沒道理且不講道理的，他們只是想問「你怎麼知道」，但對你理性的答覆則是興趣缺缺。影響所及，我們不能在懷疑論上建立任何有用的知識，極端一點的話甚不能正常過活（懷疑論者很容易成為團體中不受歡迎的人物）。

與懷疑論者相反，笛卡兒首先懷疑過去一切知識，他的目的在於去除通往真理之路上的所有干擾。既然我們無法分別哪些是路障哪些是路標，那麼乾脆全部清除重新來過吧。笛卡兒在《方法導論》中提出的「避免一切偏見，僅承認可清楚明確認識者為真」、「一個難題在處理之前儘可能先分解成部分」、「從最簡單的對象『階梯式地』跨入複雜的對象」、「藉由列舉來保證系統的完整性」等知識建構標準，都不禁讓人想到數學老師解題的標準程序。

1　Peter Kunzmann, Franz-Peter Burkard, Franz Wiedmann and Axel Weis，《dtv 哲學百科》（台北：商周，2007），頁 105。

　　當然，笛卡兒的貢獻在於他讓人開始走出常識世界與權威環境，試圖運用自己的理性能力認識世界。只是上述標準雖然看似完美，但從後見之明來看，仍然效果有限，直到今天人類仍然困惑與爭辯什麼是真實客觀的知識。笛卡兒的懷疑論雖然是哲學史上的重要里程碑，但對於獲得確定客觀知識這點幫助有限，換言之，笛卡兒的貢獻在於啟蒙，而非給出正確標準。以第一點為例，笛卡兒要求我們「避免一切偏見，僅承認可以清楚明確認識者為真」。問題是什麼是偏見什麼不是偏見，本身就是很具爭議性的事物。古人說眼見為憑，現代科學則說眼見不一定為憑，乃至常是相反的。好比我們看不到紫外線與微生物，但通過儀器就能證明他們的存在。那麼儀器的客觀性又如何呢？當人類由肉眼觀察天體改為光學望遠鏡時，我們不也認為自己看到了真實的宇宙，然而後來無線電波望遠鏡發明，宇宙的圖像於是又大大開拓。顯然儀器也只是「一種標準」而非「絕對標準」，更不等同於「真實標準」。

　　笛卡兒懷疑論與方法論的成就與其說是奠定哲學基礎，不如說是啟蒙理性精神，也就是讓人從常識與道聽塗說中，回歸由理性與觀察的認識途徑。事實上，我個人對於笛卡兒的哲學見解多半是不敢恭維的，假如他確實是個堅守嚴謹理性推導精神的人，那麼他對動物的態度無疑錯得離譜，而且違反他所設下的懷疑論標準。

　　笛卡兒認為所有的物質實體都是按照機械原理工作的機器，人與動物的差別在於靈魂有無。人有靈魂，因此有苦樂感受；動物沒有靈魂，就像機器一樣，一切都是物質的反應。笛卡兒曾活生生地解剖動物，觀察牠們身體各部分的運作情形。即使動物眼

中流露出恐懼的眼神、發出痛苦的哀鳴，他仍堅持這不是因為動物具有靈魂而是物理上的自然表現。關於這點，我個人實大大地不以為然，顯然笛卡兒對於動物恐懼、痛苦的覺受已經到了偏執否定的地步。為了符合預設的結論而能泯滅觀察事實（這點實違反了他的懷疑準則與精神），竟然可以完全無視動物恐懼受苦這麼直觀絕對的事情。假如根據笛卡兒的標準，則我也實在不知該如何證明人類也是具有痛苦感受的存在體——因為我的哭泣、扭曲、哀嚎不過也是一種物理反應罷了。

不僅如此，笛卡兒在 1664 年出版的《論人，以及胎兒的形成》書中認為，由於心臟的熱力使血液擴張，因而血液才能夠排出。儘管這個論點也經過觀察，但從醫學角度看來實在錯得離譜。笛卡兒或許是個優秀的數學家與哲學家，但作為科學家顯然是不及格的，否則就不會在經過解剖實證觀察後，仍然堅持動物有沒有靈魂，痛覺恐懼只是它們的生理自然反應等結論。

三、理性主義：上帝保證客觀知識的真實

笛卡兒的懷疑論並非想要否定知識的客觀性，剛好相反，其目的在於通過懷疑一切，確立「我思故我在」這個命題，藉此開展一切的知識體系。不過笛卡兒仍然需要上帝的協助，他肯定「上帝存在」這個命題，並宣稱上帝正是我們心靈中內建真實知識的創造者。上帝不僅蘊含了絕對的真實性，同時也包含了無限性。由於上帝的誠實無欺，因此可以保證世界與知識的正確，「一切知識都是魔鬼的欺騙」此一命題也宣告粉碎。

笛卡兒的主張揭示了西方理性主義時代的來臨。理性主義認

第三章　理性的界限（一）關於西方知識論的幾種主張　043

為人的心靈之中先天具有一種超越而客觀的知識，這種客觀絕對性由上帝創造，也由上帝保證。上帝在我們的心中烙下了永恆、客觀、有效的知識。由於上帝保證，因而我們對於知識的追求與理性的開發是有意義且必要的。

　　繼笛卡兒之後，理性主義第二位巨匠史賓諾莎（Baruck Spinoza, 1632-1677）同樣深信上帝的存在。史賓諾莎是一位信仰熱切、純粹深刻的哲學家，他區分了三種認識的方法：第一種是通過感官認識的知識，人們透過感性行事，因而產生各種錯亂、未經整理的類型概念。第二種是理性的認識，也就是藉由普通概念推理而得的知識。第三種是直觀的認識，乃在「永恆的形相下」（即經由與絕對的關係）產生的認識。史賓諾莎認為前述三種知識，只有第一種認識才是錯誤知識的來源，感性所得的知識往往不可靠，這一點也是多數哲學家的共解。例如蘇格拉底認為我們乃是活在洞穴投影中的一群人，接觸到的都是理型世界的模本；《老子》則是宣稱「五色令人目盲，五音令人而聾」；佛教的《金剛經》也稱「凡所有相，皆是虛妄」，一切境界都是心識的幻影。

　　根據史賓諾莎的認識論，人類精神中的觀念只有在關連到上帝時才是充分真實的。由於每個真實的觀念都在上帝之中，觀念是上帝思想性表徵的樣態，也因此這種真實的觀念必然是清晰而明瞭的，其自身便包含了真理的確定性。真理就是他本身的尺度，除了自己之外沒有其他的判準。[2]

　　理性主義第三位巨擘萊布尼茲（Gottfried Wilhelm von

2　Peter Kunzmann 等著，《dtv 哲學百科》，頁 111。

Leibnitz, 1646-1716）則是一位天才型的學者。他兼具了外交家、法學家、史學家、數學家、物理學家、哲學家各種身分於一身，且都能遊刃有餘於其中。萊布尼茲對於上帝的信仰與熱情，同樣讓他確信理性的知識是真實不虛的，他區分了「理性真理」與「事實真理」兩種。所謂的「理性真理」乃是一種必然的真理，沒有矛盾的事物與它同時成立；「事實真理」則是偶然的，與它相反的事物也有可能成立。萊布尼茲認為本有的觀念與認識的形式結構，把經驗內容排列組合起來的，所能得到的只有或然的成果；相反的，建立在理性認識上的結論則是清晰而正確的。[3]

　　總的來看，理性主義主張凡人具有「萬物皆備於我」的心靈知識，對於知識的客觀意義深信不疑，共同的前提則是透過上帝作為一切知識的保證，即使如笛卡兒極盡一切懷疑可能，仍以「上帝存在」作為信念的最根本。從這點來看，人類的知識實是建立在信念之上，缺乏信念，一切知識皆不可為。

　　事實也正是如此，試想：我們何以如此確定紐約存在著自由女神像？對於沒去過的人而言，不正是相信書本、老師、父母、朋友不會欺騙我們，當他們說有的時候，我們就接受了這個知識，不是嗎？我們又怎麼知道 $E=mc^2$ 呢？可以確定多數的地球人想不到也證不出來，一切其實都源自於我們相信「愛因斯坦不會騙我們或者算錯」這個前提。可見信念是一切知識的基礎，無論多麼完美的信念，最多只有在系統內達成圓滿，沒有人可以看見或者確定那個信念是真實的。事實上更有可能它的真實只是因為有效罷了。

3　Peter Kunzmann 等著，《dtv 哲學百科》，頁 113。

四、經驗主義：心靈如白板，存在即是被知覺

　　與歐陸理性主義不同，英國重要學者、也是美國憲法與自由主義的奠定者洛克（John Locke, 1632-1704）則提出了經驗主義哲學，主張每個知識都形成於經驗，並且必須接受經驗的檢驗。根據《dtv 哲學百科》的簡介，洛克在其重要著作《人類悟性論》中指出，每個人隨時都可以在意識中找到一些印象，名為觀念。觀念又是由何而來？它們完全來自於經驗。人出生時理智有如一張白紙，一切特定內容的觀念都是在時間歷程中由經驗所得到，而產生觀念的能力則是本有的。洛克宣稱經驗有兩個來源：一是外在的感官知覺，一是內在的自我知覺，即思想、意志、信仰等行動。產生這種兩種來源的觀念都是簡單或複合的，至於精神與這些簡單觀念的關係，則是被動的，它們直接由對象的刺激所形成。

　　在《人類悟性論》第四卷中，洛克探討了知識的本質，他認為除了自己的觀念外，精神在思考推理之際沒有其直接的對象，換言之，我們的知識只與我們的觀念有關。所謂的認識，不外是明瞭我們觀念之間的關係脈絡、相符、不相符或矛盾。知識範圍必然是侷限的，它不出我們觀念的範域與它們彼此間的相符或不相符等關係。事實上我們也無法全盤掌握我們的觀念與它們所有可能的關係，因此我們的知識只能有限地含括事物的真相，而且只能到達我們感官所及的範圍。[4]

　　洛克也根據明晰度，區別了知識的不同等級：明晰度最高

4　Peter Kunzmann 等著，《dtv 哲學百科》，頁 119。

的是直觀知識，在此之中精神在自身當中就能夠判斷兩個觀念是否相符，例如圓不是三角形。其次是推理的知識，精神雖然可以掌握觀念的相符與否，但卻不是直接的，而須透過其他觀念的幫助，包括以證明為基礎的推理。最後則是外在個別、有限事物的存在的感官知識。對於洛克而言，真理只有指涉命題，他只是文字記號正確的結合或分離，判斷的依據是與所論述的事物是否相吻合。

繼洛克之後，則是愛爾蘭哲學家、神學家與身具主教身分的巴克萊（George Berkeley, 1685-1753）所發展的主觀觀念論。依《dtv 哲學百科》介紹，巴克萊以洛克思想為出發點，認為只有觀念可以是意識的直接對象，也就是從外獲得的感官知覺。一般觀念認為外在物質世界自有其客觀的事物性質存在，巴克萊反對這種「物質主義」。他認為在觀念的背後不需要再假設物質的存在，客體之所以為客體，只因為它被感官知覺而已，這就是有名的「存在即是被知覺」一語，如他宣稱的：

> 如果我說，我用來寫字的桌子存在，那麼這句話的意思是：我看到了、感覺到了它；如果我在書房外，那麼我可以在另一個意義下說它存在；假設我在書房的話，便可以覺知到它⋯⋯這些事物的存在不外就是被知覺。它們不可能在知覺它們的精神或有思想的主體外部有任何形式的存在。

存在即是被知覺（對象）或知覺（主體）。存在的只有觀念與精神，它的活動是意志、想像、記憶與判斷觀念之間的關係。[5]

5　Peter Kunzmann 等著，《dtv 哲學百科》，頁 119。

　　必須聲明的是，巴克萊並不否認透過感官所經驗世界的真實性，只是否認它的物質性，如他所說：「我的雙眼所見到的雙手所觸摸到的事物存在著、確確實實存在著，這一點我沒有絲毫的懷疑，我唯一不贊同其存在性的，是哲學家所說的物質實體或物體。」巴克萊的目的在於通過這樣的論述鞏固其上帝信仰，在他看來，物質主義正是無神論出現的原因之一；現在通過上帝不斷協調不同的知覺與行為，觀念溝通因此成為可能。

　　經驗主義第三位巨匠休謨（David Hume, 1711-1776），他的重大貢獻則是將經驗性的探索方法引進科學領域之中，以經驗和觀察作為科學研究的主要依據，也因此康德曾讚美休謨乃是將自己從獨斷迷夢中喚醒的第一人。依《dtv 哲學百科》介紹，休謨在《人類悟性論》中指出，我們的經驗直接認知的對象只是我們的意識內容，它可分為印象與觀念兩組。印象是我們的一切感官知覺與更直接湧現在靈魂中的內在自我知覺，諸如喜好、情緒、意志等；而觀念則是印象的再造，得自我們對它們的思索回憶與想像。兩個群組的區別在於強度的差異，印象並可以產生簡單的觀念。

　　休謨堅持若非我們曾經有直接接觸的經驗，則我們不可能對它有觀念或思想。人類所擁有的想像力，則可以從這些簡單的觀念中複合成複雜的觀念，它們並不是直接產生於印象。根據這個邏輯，一個沒有具體內涵的觀念根本無法想像，例如我們可能幻想出獨角獸這種地球上沒有的生物，但是獨角獸即使不存在於地球，其中用到的觀念仍是我們已經知道具體的概念，如馬匹的外表配上牛角，每一個觀念都是已知的，我們無法想像出沒有的東西。又如電影中的外星怪獸，無論它有多麼鋒利的牙齒、噁心的

黏液、甲蟲的身體、鱷魚的嘴巴，但這些必然都是現有觀念中成形的東西，我們無法在經驗觀念之外幻想一隻沒有被經驗過的異形出來。

休謨區分了概念表述與事實真理兩種判斷，前者屬於數學與邏輯的範圍，在這裡，絕對的確定性是可能的，因為與一個概念真理相反的東西在邏輯上沒有任何成立的可能，然而這種判斷並不蘊含任何關於對象實在性的命題。另一方面，與一個事實命題相反的東西雖然可能是錯的，它卻永遠擁有邏輯上的可能性。事實命題以經驗為依託，受制於觀念聯想的法則，同時也受到因果律的制約，休謨保守地說：一切涉及事實層面的思想行動，似乎都以因果關係作為根本原理。例如我們觀察撞球運行的軌跡，即能對未來它的運動模式產生推測與預期。

休謨藉此說明經驗世界何以具有規律與理性，但為堅持其原則，他又認為因和果的關係並不是內在於客體當中，二者具有本質的鏈結，因此無法純粹透過理性、完全不依經驗的方式加以認識。「總之，每一個果都是與它的因相異的事件……必然性只存在於精神裡，不存在於對象之中。」如果 A 與 B 的先後關係被觀察到幾次，B 的觀念會基於我們的習慣而附隨地聯想到 A，我們即會宣稱 A、B 具有因果關係。但是這種命題只能涉及觀念的習慣性相隨，並不能外延至事物的本質，也因此對人類而言，一切過程裡真正的起始與原因永遠是個秘密。6

休謨上述說法並不難理解，以電腦為例，假如有一個古人來到現代社會，他完全不懂電腦原理，幾天之後他雖然會使用電

6　Peter Kunzmann 等著，《dtv 哲學百科》，頁 119。

腦，知道只要一按按鍵 A 就可以播放音樂，這兩個現象恆常連結，但是為什麼如此運作他永遠想不透。他既找不到操控這個現象的女巫，也無法像觀看木偶戲一樣，看見連結按鍵與音樂的繩索。事實上按鍵 A 必須播放音樂沒有本質的必然性，這個因果關係只是來自程式設計師的一個想法。就這樣，休謨把知識化為個別的經驗，但又透過因果關係把個別現象整合起來，使邏輯與數學成為可能，只是為什麼是這麼連結呢？休謨說人類其實並不知道。

　　理性主義與經驗主義乃是西方科學理性精神的兩大基礎，由笛卡兒的理性主義開出演繹法、英國法蘭西斯・培根（Francis Bacon, 1561-1626）承襲經驗主義，開出歸納法。牛頓（Isaac Newton, 1653-1727）則是結合彼此優點，標舉實驗法。牛頓要求我們首先必須站在某一個假設之上，如此才能避免無意義或者漫無目的的歸納工作。但這個假設演繹的結果，仍然必須通過經驗界的實驗方式加以確認，否則就只是一種美麗的玄學幻想。這是今天科學教育最基本的概念，卻是西方眾多哲學家、科學家共同努力所得的結果。

　　理性主義與經驗主義都有其限制，事實上我們可以發現他們往往需要「上帝」對於理論進行解救，而這些哲學家往往也是虔誠的信仰者。這是一個非常有趣的觀察，它似乎意味了我們平常深信不疑的知識與方法，終究建立在信念之上。知識的本質究竟是一種真實？還是一種信念？這個問題直到今天仍然困擾著許多人，也是今後任何一個智性愛好者，都將持續思考的問題。

〔閱後再思考〕

1. 若有一個機器一旦啟動，我們就能進入一個永恆的美夢之中，滿足一切身心需求。假如你現在沒有任何牽掛（如照顧父母妻子等責任），你願意進入這個機器製造的夢境之中嗎？

2. 虛假的東西為何讓人感到不悅？如仿冒品、偽造的黃金鑽石等。依據這個邏輯，你是否會對虛假的知識感到不耐？請表列反省我們現在所學究竟有多少是確定真實的知識。

3. 推薦觀賞影片：金凱瑞主演，《楚門的世界》（*The Truman Show*），1998 年上映。

第四章

理性的界限（二）
佛學對於客觀知識是否存在的基本立場

〔**閱讀前思考**〕

1. 你認為是先有外在客觀世界，然後心靈認識外在客觀世界？還是先有心靈結構，然後心靈結構創造外在世界？

2. 我們能不能舉出一種獨立、絕對、不受任何變因影響而自存的事物？

3. 現代科學如何理解物質與能量互換的現象？真的有客觀的世界存在嗎？

　　與西方哲學一樣，東方哲學也發展出了一套超越表象思維的論述，其中又以佛法的闡述最為詳細精彩。佛教認為世界是由念頭所產生，不是先有一個客觀的外在世界在那裡被我們認識，所以我們認識了這個客觀世界；剛好相反，因為我們先有這樣的心識結構，然後變現出這樣的世界被我們認識。以電腦為喻，不是因為鍵盤具有客觀意義，所以「Enter」鍵是客觀、絕對的輸入功能；而是因為軟體這麼設定了，所以「Enter」鍵才能輸入我們輸入的訊息。螢幕（現象）上的美醜並非螢幕的本質，也不由螢幕所控制，軟體（心）才是決定一切的根本。這是佛教「法界唯心」的道理，也與現代科學知識若合符節。以下簡介「唯識」觀

點，並用過去所寫〈寂靜芙蓉自開落〉文章加以說明：

一、唯識思考下的世界本質

「這個世界是否真實地以我們所認識的樣子存在？」這真是一個有趣的問題。我的意思是，當我宣稱在這間靜謐的書房中有一本紅色封皮的書籍時，這僅僅是經由「我」所轉譯出來對於世界的描述。世界原貌如何？世界是否真有不變不移的實相？這個問題只有願意放棄單純思考、超越感官束縛的人始能深入探討。想想看，一般人是多麼地執著這個虛幻的我和顛倒的心，以致我們對於這個世界的瞭解，不會超過左手的這一端，到右手的那一端。

首先讓我們把問題的視角暫時縮小。當我宣稱這是一本紅色的書籍時，則可以肯定的、此「紅色」絕不內在於書本之中，意即紅色並非此書之內在屬性。且撇開顏色如何經由感光細胞接收，終至大腦轉譯出來的複雜過程不論。日常的物體多由反射人類可見的七色光而得以視物。物體吸收大部分的光線，那麼它就呈現出黑色；物體反射大部分的光線，那麼它就呈現出白色。這意謂著，當一本書籍不要紅光時，反射的紅光使我們認為這是一本紅色的書籍；當一朵紫色的羅蘭不要紫光時，於是它就成為一朵紫羅蘭。至於此二者本身到底是什麼顏色？很遺憾的，這逸出了人類感官的限制，也劃下了主體知覺與客體世界的鴻溝。某一天的早晨我醒來，當夢中荒謬的世界逐漸淡去，打開窗戶重新面對這片瑰麗大地，我不禁喃喃自語：「看！這個世界如此繽紛綺麗、令我著迷。但！這絕不是它本來的面目。」

　　脫離顏色，我們對於世界認識的程度並沒有變得更好。在一個雨天的早晨，我拎傘一支、攜水一壺，赤著雙足走上七星公園，觀看紗帽山在雲霧中萬千變化，此時此刻只有咻咻不絕的風聲盈注雙耳。有時過於欣賞山隱雲生的美景，而遺忘了聲音的存在，直到下一秒意念生起，俄然始覺前一秒的「寧靜」。良久、我告別遠山，重新投入台北的塵囂。然而世界真的是有客觀的寧靜與喧鬧嗎？如果我們很專注地開車，那麼我們將遺失許多噪音；而即使是在陽明山頂，只要我們的意識向外觸發，那麼我們也會聽到很多的聲音。超越了肉體的界限，這種主觀性將更加明顯。因為對於一隻蝙蝠而言，我們勢必要重新區隔靜噪之間的分別。假如我們可以像是收音機般，任意調整接收的頻率，那麼請降低低頻的範圍，然後我們便能聽到一根小草隨風搖曳的聲音；然後調高高頻的範圍，也許頓時陽明山會有如西門鬧町，百音充斥其中。

　　於是有人說：「好吧！老兄！你也許可以說服我，我所聽到的聲音、看到的顏色，並非事物本身的實相。」然後你舉起身邊的花瓶繼續說道：「但是這只花瓶呢？也許我無法認知它真正的顏色為何，一如我放了一張紅色玻璃紙在鏡片上，因此所有的顏色都變了樣。但是至少我摸到，感覺到了這只花瓶，你難道還想告訴我，這只花瓶只因為透過我，於是才變成這個樣子嗎？」很遺憾！對於從來只生活在「素樸實在論」（外在獨立存在一個客觀的物質世界）的人們，我必須宣稱你們有必要修改有一只花瓶客觀固態存在的信念。我讀過這樣一則故事：「從前有一位農夫非常渴望遇見天使，終於有一天，一位天使被他的誠心感動，於是下凡與農夫見面。彼此邊走邊聊，所談甚歡。此時正好有一根樹

幹擋在路中間，農夫自然而然避了開去，然而這位天使卻若無其事地從樹幹中間穿過。　農夫於是大聲叫了出來：『天哪！你不是天使嗎？為什麼你像幽靈般虛幻縹緲？』只見天使糾正農夫道：『錯了！我的朋友！我不是虛幻，相反的我比你更真實。假如你在路上遇到一陣煙霧，難道你會避開而行嗎？是的！你會直接穿過去。相同的、這段樹幹之於我，正如煙霧之於你！我不是虛幻、只是比你更真實……。」

我們不妨把這個宇宙想成一串無限延伸的鍵盤，而人類僅能夠認識少數幾個音階。其中的一個低音鍵，我們稱之為物質。當頻率越來越高時，這個物質隨之越來越不穩定，比這個琴鍵還要高的，也許就被稱為聲音。接下來是紅橙黃綠藍靛紫的光波，然後超過了這個琴鍵，這個世界就不在我們五官所接收的範圍了。因此假如我們主張世界的實相，僅僅是由這幾個琴鍵組成，則我們人類實在比一隻井底之蛙高明不到哪裡去。

我們認為這面牆是堅固的存在，然而對於各式各樣的超音波，穿過這一面牆就有如我們穿過一盆水般輕鬆自在。你於是道：「這不一樣，我們人類有生命、能思考，與超音波是不能類比的。」好吧！如果有人堅持人類才是生命的唯一形式，則我便無由置喙。問題是是嗎？人類真的是生命的唯一形式？假如我們可以變得越來越小，這個世界勢必隨之改變。如果「弘學」這兩個字可以被寫成像喜馬拉雅山一樣大，顯然我們將無法辨識這兩個字。同樣的，假如我是一隻病毒，則我既看不見你，你亦看不見我。我們的太陽，可能只是某一位巨人的細胞核，某一天這位巨人用顯微鏡觀察自己的細胞切片，然後對著他的同伴道：「嘿！有個傢伙說在這之中有無數的生命，那真是荒謬透頂！」

這個問題也可以換作這樣陳述：我們這個身體可能是某種生命的一座宇宙，有一天它用望遠鏡向外探索，然後說我們是宇宙唯一的人類，這個世界不可能有其他的生命存在⋯⋯。

人類並不是唯一的。生命可能以各種形態存在，只是彼此互不知曉、互不干擾。正如各種廣播頻道同時並存在地球天空而不相互侵犯，我們都只能片面地理解這個世界，依照我們先天的形式結構。而這一點，正是康德對於西方哲學的一大貢獻。康德認為並不是有所謂客觀世界如何，然後我們才認識這樣的一個世界。不！不是我們符應世界，而是世界符應我們。世界依照我們主體的先天結構而呈現出眼前這般模樣。如果我們的眼睛只能看見三角形，那麼我們只能看到一個由三角形所構成的世界。然而事實卻是，它還充斥了各種的圓形、長方形、等等無窮無盡的型態。

叔本華在《意志與表象的世界》開頭說：「這個世界是我的表象。」意思正是如此。這是德國觀念論對於西方哲學的一大貢獻，我在此特別點出西方哲學，意思是在很久以前，遙遠的印度有一位名為釋迦牟尼佛的覺者便對這個問題作出透徹的分析。他說：「若人欲了知，三世一切佛。應觀法界性，一切唯心造。」是的！一切唯心造，沒有客觀恆實的外境。人類經由眼、耳、鼻、舌、身、意六根，與六塵色、聲、香、味、觸、法，交互產生世間種種假相。如果我們的心很清淨，那麼我們所感知到的世界也會很清淨。因為我們不起分別心，意思是我們並不主動觸發痛苦。同樣的，如果我們的心充滿妄想，那麼妄想的心便會構作出妄想的世界，最後痛苦於焉產生。我們不妨把世界想成是由一堆數字組合而成，假如我的頭腦先天只有加法的結構，則三和七

這兩種元素，我永遠只能得出十的答案；假如先天結構是乘法，那麼三和七運算的結果，我於是得出了二十一的答案。

「隨其心淨，則佛土淨」。如果我們能夠對境不迷，不讓根、塵、識起作用，那麼痛苦也就無由產生。叔本華很接近這一點，很接近了。他認為受苦是生命中無可避免的現象，因為每一個人都是以自我為中心，作為一種意志的體現。然而此種欲望即使獲得滿足，也不過是短暫的，快樂只是痛苦的間歇，生命的本質終究是痛苦。唯有根本否定意志，解消對於空幻的表象世界的觸發，我們才能獲得永恆的喜悅。

這裡我無意過多地討論叔本華的思想，然而每當讀到《般若心經》，我總是深深感動：「觀自在菩薩，行深般若波羅蜜多時，照見五蘊皆空，度一切苦厄。」佛教既非樂觀，也不悲觀，它只是實觀地點出生命的本質。然而叔本華是悲觀的、痛苦的，因為他也只到這一步，再一步他會與佛陀更接近。叔本華雖然明白了有求皆苦，把表象世界視為虛幻。然而下一步經由六根六塵昇華的步驟他卻沒有掌握，因此形成一種斷滅空的悲觀主義。「空虛以不毀萬物為實」，大乘精神於是要求重新對於世界作出肯定，拓展生命最大的潛能。「菩薩為一切眾生作安，令得究竟安穩處故；為一切眾生作明，令得智光滅癡暗故；為一切眾生作炬，破除一切無明暗故；為一切眾生作燈，令得究竟清淨處故。」欲望本身沒有罪惡，只是不夠高尚；欲望會讓人墮落，但是只要我們能夠很清楚的認識虛幻、覺知欲望，那麼它也可以讓人昇華。因為──「一切諸佛皆在人間成就」。我們經由主觀結構，構作一個顛倒夢想的世界，卻也經由察知這一點，我們始能體悟世界的本質。是的！不僅表象世界是虛幻的，更進一步，我說：「自

我也是虛幻的。」而這一點，通常比前面的言說更加讓人難以接受。

「自我是虛幻的！」這可能是佛陀最大的啟示之一。只是欲令一般人承認自我的虛幻，遠比令其承認世界的虛幻更加困難。然而仔細回想一下「自我」與「靈魂」此二詞的真實意涵。從前我們相信某些東西，現在反對某些東西；學習某些東西，然後遺忘某些東西。譬如有一個人，每一百年便從太平洋中舀出一匙水，跟著加入一匙水。扣除蒸散種種作用不計，假設這是一個密閉的系統，那麼即使是太平洋再大，舀水的間隔時間再長。表面觀之水量似乎永遠不變，然而經過無數億次重複這個動作，不可否認，總有一天那太平洋的海水會被更換殆盡。我們所謂的「自我」宛若這池海水，我們好像變動得很少很慢，靈魂好像永不變壞，但其實沒有永恆不變的靈魂！我們可能憶及前世的我，前前世的我，然而請記住這其中「我」已經有了小小的更動。哪怕是一小匙的替換，靈魂的概念似乎永遠維持這麼多，然而一千億次的輪迴以後「我」將替換無遺，不復存在。

因此誰在覺知痛苦？根本沒有永恆的，實體的「我」在覺知痛苦。正如慧可大師找不到他那不安的心。念念生滅、緣起性空，世界的產生來自因緣的觸發。一旦我們突破虛幻的「我執」，等於截斷了生死輪迴之流。痛苦的根源來自自己，虛幻的頭腦劃下一道虛幻的國界，並且宣稱越過這條界限者，則「我」必須和你戰鬥。然而只要「自我」願意去除這條界限（事實上根本無人規定這條界限），則有如一滴水入大海，海洋有多大，水滴也就有多大。菩薩不起分別相，同時不著一切相，無一切相可著。行文至此，「我」不禁喃喃低頌：「若人欲了知，三世一切

佛。應觀法界性，一切唯心造。」

二、寂靜芙蓉自開落

木末芙蓉花，山中發紅萼。
澗戶寂無人，紛紛開且落。　　　　～王維〈辛夷塢〉～

　　外雙溪的風景甚為秀美。從東吳大學放眼望去，故宮博物院
那金黃色的琉璃身在夕陽餘暉中更顯雍容。匀柔淡雅的青山枕藉
其後，如綢似緞的溪水悠閒地從白鷺鷥的腳下穿過。沿著學校溪
旁小路迴繞後山腰身而上，約莫六七分鐘的路程，便是我所居住
的地方。小小一座三合院，黑褐色的屋頂淡入了山林之中。房間
旁邊有幾株老樹，濃密的樹蔭覆蓋其上，不僅添加幾許爽氣，一
陣風來，也能聽到枝葉摩挲颯颯的聲音。房東太太已經開始在爐
灶中燒柴煮水，木頭的香味伴隨著幾縷的炊煙，緩緩、緩緩地透
入暮色之中。

　　我在院子中徐步而行，看見身旁一株開著紫色花朵的植物，
於是想起了王維這一首五言小品。樹梢的芙蓉花啊，即使是在沒
有人的山澗之中，依然妍容綻放，開落聚散。有人說王維是藉此
詩來表示他那孤潔絕俗的性格，是嗎？也許吧！文人總是帶有一
種狷介的息氣。「但是」、我放眼望去，心中喃喃自語：「處於寂
境之中，怎麼可能會有一朵自開自落的芙蓉？」此時我的身體感
受到了習習的晚涼，耳朵也能聽到林梢窸窣的枝響，然而眼睛卻
隨著餘光的消逝，大大地削減了它的功能。大地隱入黑暗，我收

回目光，心卻飄向了遠方。

§ § § § §

（一）言語之筌

有一天我心血來潮，於是決定旁聽某堂課。前頭坐了一位學妹，從前戲劇比賽時，大家曾經合作過，許久不見，下課時也就聊了起來。

「聽說學長雙修哲學系？」她問道。

「是啊！」我答道。

「那真是太好了」只見她拿起一本書說：「這是我在圖書館借的，其中有一段我看不大懂，學長你能不能解釋一下呢？」這是一本靈修方面的書籍，內容討論人類要如何以愛去克服恐懼，對於「我們要如何學習愛自己的方法」，作者寫道：「要行動，而不是只是思考這一個問題而已。一旦開始思考，你們就回到了二元對立的世界裡，進入恐懼。」

我想了一下道：「這個意思應該是說思想有其侷限性，因此我們不可能在語言與思維系統中瞭解世界的整體。」[1]

「為什麼呢？」她表情困惑地說「好像所有討論哲學的書籍都主張思想或者語言這些東西會妨礙我們對於真理的瞭解，彷彿它們是種極大的罪惡。可是我們日常生活中似乎感覺不到這有什麼樣的不妥啊，我的意思是我們不也發展出來對於各種的事物的知識？」

「你指的是老子所說的『道可道，非常道』這樣的思想

---

1 我在這裡把語言與思維二者並提，因為語言是表象的思維，思維是內在的語言，語言的模式其實就是思維模式的呈顯。

嗎？」我問道。

「還有像是佛教所說的『不立文字』這樣的主張。」

「可是這並不是否定語言的功用，只是指出語言常常因為太方便了，而讓人以為就是正確無誤的。我們忽略了語言永遠只站在輔助理解的角色，而無法替代它所指稱的東西。」我答道。

「可是除了語言和邏輯這些東西之外我們還有什麼呢？假如說連這些東西都不能夠讓我們認識這一個世界，這麼一來我們豈不是永遠都無法認識這一個世界了。」她問。

「嗯、倒也不是這樣。我的意思是，語言思維的理解都只能是片面性的，在某個層次內固然不得不經由語言作為媒介，然而為了達到究竟，我們還是得跳出去這一個框框。譬如說，」我叩了叩身上坐的這張椅子問道：「我有沒有辦法坐在椅子上，然後舉起它呢？」

「不行。」她答道。

「的確，除非我站在一旁，離開了這一個力學系統，否則我永遠沒有辦法坐在椅子上舉起它來。同樣的道理，語言就像是這張椅子，我們永遠沒有辦法在這個系統之內理解這一個世界，除非跳了出來才行。禪門主張不立文字，與世俗『不可知論』是不一樣的，『不可知論』者主張我們永遠無法認識這一個世界，因為他們往往只坐在椅子上試了試，發現舉不起椅子，從此便放棄了努力，宣稱這是一件不可能的任務。」

「原來如此！所以說我們還是可以藉由其他的方式，認識外在的客觀世界。」她道。

「妳反應很快。不過站在我的觀點，我會盡量避免使用『客觀』與『外在』這樣的字眼。因為『緣起無自性』、『萬法唯心

造』。」

「慢點、慢點學長。你一下子拋出太多名詞讓我有點應接不暇。你說你反對使用『客觀』這個名詞，是因為什麼『緣起無自性』，緣起的觀念我以前也有印象，似乎是佛學很重要的一個觀點，它的要點是什麼我卻不大清楚。」

（二）緣起之境

「這個很有趣。剛剛妳提到世界的實相，那麼理解『法界緣起，並無自性』便是一個非常重要的課題。」

「怎麼說呢？」她問道。

我於是在紙上分別畫了一個二氧化碳與一氧化碳的結構式，然後問道：「妳還記得一氧化碳和二氧化碳的區別嗎？」

「記得。」她答道：「在氧原子充足的狀況下，每兩個氧原子便會和一個碳原子結合成二氧化碳。但假如是在氧原子不夠的狀況下，這時候每個碳原子便只能結合一個氧原子，形成了有毒的一氧化碳。」

「好極了。現在讓我們選定一個氧原子來訪問。」我用原子筆圈定了其中一個氧原子道：「『氧原子啊！請問一下什麼是你的自性呢？我的意思是你對我們人類到底有害呢或者無損？』這時候這一個氧原子就會告訴我們：『嘿！很抱歉我也不知道什麼是我的自性。比如說在這一個空間裡面倘若我的夥伴足夠，那麼我便是對你們無害的二氧化碳氣體；倘若是在同伴不足的環境下呢，很抱歉我可是會讓你們窒息而死喲。但話說回來，假如我跑去了跟氫原子混在一起，那我便是你們生命所不可缺少的水液體了。因此你問我什麼是我堅定恆常的自性，我也實在是說不上來。』是以在什麼樣的環境下，這個氧原子就展現不一樣的型

態，環境條件就是所謂的因緣，透過因緣所生的世界萬法，便是所謂的緣起論。佛教有一部經叫《雜阿含經》，在這一本書裡面，佛陀對於這種此生故彼生，此滅故彼滅的因緣法打了一個譬喻。佛陀說：『因緣不能獨立自存，必須彼此依靠的情形就像是在空地上豎立三根蘆草，這些蘆草假如要立在空中，那麼就得相互憑藉。抽去其中一根，其他兩根就會倒；抽掉其中兩根，另外一根當然也就無法自存。』」[2]

　　「這麼說似乎也是有道理，」學妹懷疑地看著我：「不過即使這個世界是由因緣所生，我還是不明白為什麼緣起便是無自性呢？譬如就這一粒氧原子來說好了，即使它的組合沒有一定，但是至少有『這一粒氧原子』的存在呀！」

　　「這個問題在佛陀以前也已經在印度很流行了。當時的六師外道，譬如富蘭那迦葉、末迦梨拘舍梨這些人都主張世界是由地水火風四大所組成，四大具有極微性，意思就是它們是非常非常小的粒子，世間一切都是由它們組合而成。等到將來世界劫壞之時，四大又重新分散到各處，不生不滅，並無變化。」

　　「很有道理呀！」學妹道：「這跟我們現在的元素觀念不是很像嗎？」

　　「是很像，可是這並不究竟。在大乘佛教的空、有二宗都不承認極微具有實體性，意思就是說我們承認有四大，但是這地水火風並不是一種最根本，堅固不壞的物質。空宗認為『緣起性空』，有宗認為『識外無境』。假如認為粒子具有型態實相的話，

2　《雜阿含經》卷十二：「譬如三蘆，立於空地，輾轉相依，而得豎立。若去其一，二亦不立；若去其二，一亦不立，輾轉相依而得豎立。識緣名色，亦復如是，輾轉相依而得生長。」

那麼這便停留在一種『我執法有』的境界了。」

「學長、」她頓了一下：「可能因為我平常沒有常常接觸這些佛學術語，因此假如你能夠再解釋一下我想我會更清楚。」

「真是對不起，我常常不自覺地就犯起這個毛病來。好吧，簡單的說，佛陀認為其實這四大還是可以繼續被分析下去的，但是越過了我們認為是粒子的界線時，它就是一團能量的型態。《楞嚴經》裡頭，佛陀曾對他的弟子阿難說：『阿難阿！你看看大地的性質，聚集起來我們稱之為大地，但是仔細分析下去，這大地卻是由種種微塵所組合而成。微塵之中還有微塵，每一種都可以被分析成七分，如此不斷分下去，到了名為鄰虛塵的地步，就是色界與空性的分界點。過了這裡便是虛空的性質。』[3] 因此我們所謂的物質這種東西，竟是由空性的虛空所組合而成，好比是零一直的累加，居然會加出一百來。」

「我聽起來還是有點模糊，學長你是說佛陀已經知道我們這個世界重重地分析下去，可以像是分析粒子一樣，知道每一種粒子都還有更小的粒子圍繞？」

（三）法界唯心

「知道粒子可以層層的分析並不稀奇，佛陀以前的印度便已經知道這種觀念了。差別在於他們認為一旦找到了最小的粒子，就找到了最根本不變的實在本體，而佛教並不這麼認為，佛陀說所謂最小的粒子其實是心所凝聚出來的假相，微塵粒子並沒

3　《大佛頂首楞嚴經》卷三：「阿難，如水成冰，冰還成水。汝觀地性，麤為大地，細為微塵，至鄰虛塵，析彼極微，色邊際相。七分所成，更析鄰虛，即實空性。阿難，若此鄰虛，析成虛空，當知虛空，出生色相……」。

有所謂的堅固不壞性。而這也就是我說氧原子畢竟是無自性的原因。」

「有沒有什麼辦法可以說明這一個觀點呢？」

「可以。一般在我們的觀念裡，所謂的粒子顧名思義應該像棒球這樣的質點，佔有空間，具有質量。」

「我以前上理化課也是這麼認為啊，有什麼不對勁嗎？」

「有，因為科學家發現了一個很有趣的現象，就是他們發現在原子內的中子與電子會出現『干擾』或者『抵銷』的現象。」[4]

「『干擾』或『抵銷』，這又代表什麼意義呢？」她問道。

「很大的意義，因為『抵銷』的現象是波動的特性，只有波動才有互相抵銷的現象，而質點卻只會相加不會抵銷。譬如兩顆棒球撞在一起妳說會怎麼樣呢？」我問道。

「嗯，它們會相互彈開。」她答道。

「是的。假如中子與電子都是質點的話，那麼它們應該會產生類似棒球的情形。相反的，波動卻不是如此，兩條波峰與波谷相對的波函數撞在一起卻會抵銷成一條直線。」

「哎呀！這個我知道。」學妹大聲道：「我想起來了，科學家製造消除噪音儀器，便是運用這一個原理，他們發射一段頻率，然後噪音跟著就變小了。」

「是的。所以如果粒子具有這樣一個特性，請問學妹那麼粒子是具有空間質量的物質呢？或者是不佔空間質量的能量？假如說這些粒子是質點的話，那麼電子出現抵銷的情形，豈不是就像

4　可參閱馮馮，《太空科學核子物理學與佛理的印證・從量子力學的「觀察促變律」淺證「諸法唯心造」及「因果律」》（台北：天華，1987），頁62。

是兩顆棒球撞在一起，然後消失不見一樣的詭異？」[5]

「真有趣！怎麼我們認為的實在界分析起來居然是這麼的……呃、好吧就用是你們所謂的『空性』好了。」

「更有趣的還在後頭。似乎是實體的東西具有能量的特性，同樣的我們以為能量的東西卻有物質的特性。」

「像是什麼呢？」

「就好比是光波。從前的科學家們一直為光到底是波還是粒子困擾不已。還記得我們以前作過的雙狹縫實驗嗎？我們把一塊木板放在水面上，然後開兩個缺口。當我們震動水面時，由於缺口的關係水波經過這裡會被分成兩道。然後彼此干涉。假如這時候運用光源投射觀察水波彼此干涉的陰影，我們便能明顯地觀察到明暗相間的條紋。這是波動特有的特性。假如這時候水波改成了一個光源，理論上經過雙狹縫時，我們只能看到兩道光紋。」

「理論上？」

「是的！因為許多人認為光是一種粒子，而事實上光的確也有重量，我們稱之為光壓。只是光壓實在太過微不足道了，因此我們並不知覺這樣的差異。不過可別小看了光壓，哈雷彗星那條炫麗的尾巴就是被它給掃出來的。好吧！不要再扯遠了。總之呢，理論上的意思便是實際上光源經過雙狹縫時，它產生了與水波一模一樣的明暗條紋。這可讓科學家們傷透了腦筋，這光到底是一種波呢？還是一種粒子？」

5　1927 年美國科學家 Clinton J. Davisson 與 L. H. Germer 證明了一束電子被晶體繞射的情形，和光柵繞射的情形完全一樣。這個證明讓當時的人非常震驚，因為繞射乃屬波動特有的情形，在此之前，西方人從來沒有想到這個現象居然可以由物質所引起。

　　「我知道了！」學妹高興的說道：「照我們前面所講的，這光呢應該是一種波，而『色不異空，空不異色』，物質與能量二者並沒有一定的界線，因此這些能量波也會凝聚成具有質量的物質。」

　　「聰明。這個或許也是答案」我道：「不過更稀奇古怪的事情還在後頭。科學家們接著使用一種電子槍，它可以規律地一次發射一粒電子。然後再繼續雙狹縫的實驗，結果隨著電子數目的越來越多，起先螢幕上是一粒粒的光點，但是慢慢地又出現了明暗相間的光紋。這可就邪門了，就原先螢幕上出現一點一點亮點的情形看來，這電子應當是一種粒子的狀態才是。就像雞蛋砸到地面留下一團痕跡，可是後來卻又出現了干涉狀波紋，讓人搞不清楚它到底是以一顆雞蛋的型態抵達呢？或者是以一團蛋漿的姿態穿過雙狹縫。」[6]

　　「這個分別很重要嗎？」

　　「很重要！這就有如一粒棒球，當它被投手投出時，化身成許許多多的棒球，最後進入手套時，重新在結合成一顆球來，這種事情對於早期壁壘分明，粒子與波動絕不容許混淆的科學家可是一個大難題。當然了，科學家們一定不信邪，於是呢它們便在 AB 兩個縫口各設了一個偵測器，只要有電子經過，便會發出響聲來。然後再用電子槍一顆顆地發送電子，這一次妳猜結果如何？」

　　「如何？」她迫不及待地問道。

─────

[6]　所謂波動乃是指能量而非介質的傳送。譬如一個水波的散開，是能量的散開，非是水的前進。此處以蛋漿作譬喻，旨在輔助瞭解，蛋漿只是介質，畢竟不同於能量。

「結果是 AB 兩具偵測儀從來不會同時響，這表示電子是以粒子的狀態進入縫口的。再做個比喻，這好像一粒雞蛋永遠不會在 AB 兩個縫口同時出現，可是經過縫口之後，雞蛋們主動變成一團蛋漿。途中彼此干涉，最後煎成一張讓科學家哭笑不得，食不下咽的蛋餅出來。而這個弔詭的問題一直要到 1925 年，量子力學問世才會有答案。」

「真的！量子力學怎麼回答？」她迫不及待地問道。

「喔！20 世紀量子力學的答案跟兩千五百年前佛陀的說法一樣，簡單的說就是一句『萬法唯心造』。什麼意思呢？從前我們所學到的科學告訴我們要如何嚴密地控制實驗的變因，而這些變因都是客觀可以掌握的。但是依照佛學的理論，一個現象的產生必須要有『根』、『塵』、『識』三者交互作用才行。在這個實驗中我們只注意到了『塵』，也就是這一粒電子以什麼樣的現象在螢幕上呈現給我們看，卻忽略了『根』、『識』，也就是我們的認識能力。換句話說，我們自己本身也是整個實驗的變因之一。當我們製造一個雙狹縫的環境時，其實在我們的內心也就預設了光是一種的波動，結果就是這一粒電子便以波動的模樣呈現給你看；同樣的，當我們在 AB 兩處各設一具偵測儀時，這時候已經隱含了我們期待光是一種粒子的型態，我們希望像是計算棒球數一樣的來計算它，而『相由心生』，電子也就如人所願，呈現出粒子的型態來。」

「這實在是個非常奇怪卻又令人著迷的理論。」

「沒錯！當年愛因斯坦聽到量子力學的這一種理論時，他也是大跳其腳地叫道：『豈有此理，這豈不是說月球所以繞著地球運轉，原因是因為地球人期待著月球這麼做。』愛因斯坦的一句

名言：『上帝從不跟人擲骰子』，不過後來他自己對於這一個信念顯然也產生了動搖。」[7]

「可是學長假如依照這一種理論，那麼為什麼打棒球的時候不會發生類似的情形？就是球飛到一半，然後無奇不有，隨著眾人的心念呈現各種狀態的變化呢？」[8]

「因為棒球的飛行軌道是可以被觀察的，然而一粒電子從電子槍到干涉光紋的現象被觀察到的過程之中是不可被觀察的。換句話說，在這一段期間電子是處在一種『空』的狀態，說它是粒子也好，波動也罷都沒有任何的意義。在這一段不可觀察期它可以有千百億的化身，量子世界裡的法則是『所有沒有禁止的都必須去做』。[9] 因此正確的說真空不是『一無所有』，而是『無所不有』。佛教所說的『真空妙有』，指的就是心能生萬法，至於世界的模樣是什麼呢？完全依照眾生不同的業報而定。我的意思是，假如今天有某一種生命小到電子之於他而言，就像是一顆可以被觀察的棒球的話，那麼對他而言電子的運動也就不會『無奇不有』，而會呈現一種規律性。同樣的，假如有一個巨人大到太陽對他而言就像是電子般不可被觀察時，這時候咱們太陽也一定會變出許多花樣讓巨人頭痛不已。」

「這聽起來實在是讓人大開眼界，」她道。

「假如妳有興趣的話，我建議妳不妨從現代物理學家的傳記

7　菲利蒲‧法蘭克（Philipp Frank），《愛因斯坦傳》（台北：志文，1980），頁277。

8　其實那是因為眾生心念渙散，假如經由修行凝聚心念力，要改變一顆棒球的軌道並非不可能。

9　吉爾摩（Robert Gilmore），《愛麗絲漫遊量子奇境》（台北：天下遠見，1998），頁56。

看起，例如愛因斯坦、費米、費曼、史蒂芬·霍金、叔丁格、馮紐曼、海森堡等等。另外一些深入淺出的書籍，例如馮馮的《太空科學核子物理學與佛理的印證》以及天下文化所出各種醫學、天文、物理的書籍。至於我剛剛提到量子力學的部分，妳可以去圖書館借《第三屆　佛學與科學研討會論文集》其中的〈量子力學與心靈的探討〉這一篇文章來看。」

「學長啊！」果然學妹說道：「你的解釋固然言之成理，但是顯然古人不可能讀過這些書，請問他們又如何能夠明白這一些道理呢？」

「嘿，古人明白的事情可多著呢。『佛觀一缽水，八萬四千蟲。若不持此咒，如食眾生肉。』假如不是具有大智慧者，又怎麼知道小小的一碗水中具有這麼多的微生物呢？經典上也說阿羅漢看這一個地球，就像在手掌上觀察水果一樣，[10]《華嚴經》中每每用『世界海』，『天帝網』這樣的形容詞形容我們這個宇宙，從這些記載很明顯知道，當時他們已經知道宇宙之中散布了許多球狀的星體組成的銀河、星雲等等，我們看天文攝影的圖片，淺碟狀的銀河系不就像是一張綴滿明珠的大羅網，橫掛在虛空之中嗎？」

10　根據《維摩詰所說經·弟子品》的記載，天眼第一的阿那律尊者在某地方經行時，嚴淨梵天王來到其前問阿那律尊者在天眼中看見了什麼？阿那律尊者答道：「仁者。吾見此釋迦牟尼佛土，三千大千世界，如觀掌中菴摩勒果。」以我們今天的科技要理解這些神通並不難。例如以往光學望遠鏡只能見到發射可見光的星體，今天以無線電波望遠鏡觀察，不但在可見光頻內的星體出現更多，同時一些肉眼不可見，卻會固定放射脈衝波的星體也會顯現其上。所謂天眼通者，便是經由訓練，讓心識接收電磁波的頻率與靈敏度大大提昇，自可見常人所不能見者。

「但問題是他們又怎麼能夠不藉儀器的幫助知道這一些事情呢？」

「佛教常說『戒』、『定』、『慧』三學，基本上在禪定的狀態中，或者是運用天眼，要觀察太陽系、銀河系也不是什麼難事。11但總之不管世界由禪定，或者是科學的演進瞭解這一些事情，佛陀諄諄告誡我們不可以偏廢三無漏學（戒、定、慧）的任何一科，例如佛陀就曾說過末法時代的眾生『有知無行』一樣。」

「什麼意思呢？」

「意思就是說我們這個時代的眾生隨著科技的進步，對於經典所說不可思議的境界知道越來越多，例如物理學家，或者天文學家。但是即使他們能夠知道佛經中記載了宇宙生滅變化的奧秘，卻並不一定代表他們能在修行上遵循佛陀的教誨。」我頓了頓：「話題好像又被我扯遠了。哎！真擔心我以後會被你們當作愛叨叨唸人的老夫子般。好吧！回到我們原先所討論的主題上，總之呢、根據『緣起無自性』與『萬法唯心造』的觀點，使用『客觀』與『外在』這樣的詞彙並不恰當。因為這一切外境都是由心所構做出來的。並不是因為有一個什麼樣的客觀環境存在，然後我們再去這般地認識。剛剛好相反，我們應該自問的是心是怎麼樣，然後才被它投射出這一個世界出來。」

「所以止息痛苦的辦法並不是向外追求答案，而是應該對自己的內心做出反省。」

「沒錯。」我道：「學妹妳的敘述語氣很有靈修書籍的味

11　可參閱馮馮，《禪定天眼通之實驗》（台北：天華，1993）一書，其中有多篇文章皆有談到這種現象。

道，看來你平常應該是蠻喜歡讀這些書的吧！」

「呵、原來這些也可以聽得出來。」她笑了笑：「也還好啦，因為他們頗能夠啟發我的一些想法。有時候我覺得這些書上的說法都跟佛教的觀點非常類似。」她翻開書本其中一頁，只見上面寫道：「在生命之鏡，反射的影像之下有著無盡的愛，和無窮的真理。在每一個人的身上，神就在那裡。」

（四）諸法無我

「的確某一些地方我們具有共通處，但是佛教在一些很精細的地方卻是與其他的思想有著顯著的不同，假如沒有仔細辨別我們也很容易會弄混。」

「譬如說呢？」學妹問道。

「譬如說我們會很非常謹慎地，儘量避免使用『神』或者『靈魂』這樣的名詞。」

「這我就有點不理解了，學長。會不會是你太過在意翻譯的名詞，一聽到使用『神』啊『永生』的這些名詞便直覺跟佛菩薩格格不入呢？」

很高興她沒有直接說我是「執著名相」，我道：「希望我是，但是與其討論是否這是翻譯的問題，也許我們可以更直接地討論實質意涵的區別。」

「我還是不清楚學長的問題。」

「譬如你對靈魂的看法是什麼呢？」我問道。

「靈魂？嗯、這個問題我從來沒有深入的想過。不過依照一般的想法，它應該是指一個不屬於物質界，卻恆常獨立自存的精神體。我們的喜怒哀樂，輾轉輪迴都是靈魂在運作。」她看了我一眼，補充道：「不是嗎？」

「是啊。正因為靈魂是一個恆常獨立自存的精神體，因此我們才會避免使用這一個詞彙。」我拉長語氣緩緩道：「而佛教呢，根本上就否認有這麼一個東西存在。」

「學長你的意思是佛教否定有靈魂？」她的表情有一點訝異。

「是的。」我答道：「學妹你還記得剛剛所講的『緣起』論嗎？佛教還有另外一個重要的概念，那就是『無常』。不僅外在的物質界生滅變化沒有主體，同樣的我們的心如瀑流，也沒有一個真正的『自我』存在，因此伴隨『無常』的觀念就是『無我』。《八大人覺經》說：『世間無常，國土危脆。四大苦空，五蘊無我。生滅變異，虛偽無主。心是惡源，形為惡藪。如是觀察，漸離生死。』」

「慢點慢點學長，你一口氣念了這麼多我都被你搞混了。」

「嘿、實在抱歉，你也知道咱們中文系的就是喜歡掉書袋。當然，這個觀念對於一般人也不是那麼的理所當然，所以通常需要花更多的時間來解釋。首先我們先從哲學的角度來討論一下『精神實體』這東西。」

「『精神實體』？這個名詞似乎不常聽到。」

我解釋道：「傳統的西方哲學認為不管是精神的或者是物質的東西，背後有一個實體在支持。[12] 比如說一把椅子，它具有

---

12 哲學史上對於「實體」一詞的看法，隨著不同的哲學系統，都有不同的詮釋。本文主旨不在討論其中細微差異，只是藉此舉例常人根深柢固地認為任何的屬性都應該要有一個依附體存在。例如柏拉圖認為這個世界是理型界的模本；笛卡兒認為即使所有的事物都被懷疑，至少「我思」的這個「我」一定是存在的；而經驗論者洛克認為所謂的實體，即是充當事物性質的支撐體。本文無意探討不同哲學家對於實體的看法，模糊帶過，學者

『堅硬』、『平滑』、『色澤』這樣的屬性，椅子的物質實體把這一些東西都集合起來，於是便呈現出一張椅子的樣貌出來。同樣的，人類具有喜怒哀樂這些情感，所謂的『精神實體』便是諸般情感的依附。『實體』這個名字聽起來很具體，事實上卻再也抽象不過了，根據哲學家的定義，我們是永遠沒有辦法認識實體這個東西的。」

「為什麼呢？」她不解地問道。

「因為我們所能認識的，都會被歸類到『屬性』的範疇之內，所以我們永遠不可能在『實體』這個袋子之中抓出一樣東西向人說：『看！這就是實體。』一旦你抓出來了某個東西，它就變成了『屬性』。所以說『實體』是永遠不能被認識的，儘管它是獨立自存不受時間空間的影響。」

「所以我們也沒有辦法認識到『精神實體了』？」

「沒錯！」

「而『靈魂』也就是『精神實體』囉！」

「賓果！」

「但這種說法有什麼不妥呢？」她的困惑依然不減。

「非常的不妥。因為『實體』這個東西實在幼稚得很，它只會讓人距離真相越來越遠。當然啦、我是站在佛學的觀點進行批判，但是承認一個『物質實體』的存在，便等於承認一個客觀獨立外境存在；承認一個『精神實體』的存在，也就等於承認一個『常我』的存在，很明顯的違背了三法印的原則。」

「三法印？」

通人不必深究。

「是的。『諸行無常』、『諸法無我』、『涅槃寂靜』，這是佛陀所說三個檢驗真理的法則，假如違反的這三個原則，我們便稱之為不如法。」

「而『實體』的觀念違背了『無常』、『無我』的原則，因此是不如法的。」

「沒錯，如果不明白這一層道理，我們便永遠跳脫不了幻象的泥沼。總之『靈魂』就是那麼一回事，從哲學家到民間信仰，大多數的人都認為一定有這麼一個東西存在，『靈魂』應該是一個堅固不壞散、不變化的精神我。靈魂在思考、在感受，將來死亡之後，或者進入天國，或者墮落地獄。可是佛教卻不這麼認為，因為世間萬法都是沒有自性，也就是沒有一個『我』在主宰這一切，如果這個世界時時刻刻都在變化，包括精神與物質，那麼主張一個『我性』便沒有任何的意義。」

「學長我還是不大清楚你的意思。」她搖搖頭。

「比如說這一杯水好了。假如這一杯水裡面的內容一直在更換，這一秒鐘是咖啡，下一秒鐘是紅茶，那麼請問哪一秒的內容才有資格代表『這一杯水呢』？又『這一杯水』這一句話除了使用的方便性之外，又有什麼意義呢？哲學家們從來沒有仔細地觀照過自己的心，因此執著在一個我相上面，以為『我』確定不變的。其實『念念生滅』，心的變化可大了，佛陀用『心如瀑流』這句話，實在是恰當得不得了。」

「『心如瀑流』，真的是這這樣嗎？」

「是的，妳可以做個簡單的試驗。閉上眼睛，然後從一數到十，看看妳能夠一心不亂重複數幾遍？」說完之後，她開始慢慢數了起來，過了好一會只見她慢慢睜開眼睛道：「奇怪，這麼會

這樣？我好像永遠數不到十，意識便不知不覺飄到另外一個地方去。剛開始我想到黑板，接著又想到為什麼我會在這裡……無論如何好像永遠沒有辦法順利數到十。」

「因為我們的心太渙散了，假如你繼續這樣練習下去，更稀奇古怪的念頭還會冒出來，可見這個『我』變化的有多快了。」

「可是平常我們並不覺得呀，怎麼要專心的時候反倒更無法專心？」

「那是因為我們已經渙散到連這一點都無法察覺了。」

「可是即使是如此，『精神主體』還是可能存在呀學長！譬如有一盆水，它的外型隨著容器的形狀而千變萬化，甚至水面上的波浪搖盪不止，但是這一盆水還是這一盆水啊。而我們的念頭變來變去，會不會就像是水與水波的關係，是『精神實體』的念頭在輪替出現？」

「學妹你這一個疑問很好，」我敲了敲頭：「老實說我實在不大知道該如何反駁這樣的譬喻。可能因為佛法除了言語之外，它很重要的一個部分就是修證與體驗，但是到了這個地步，就不是我這種看幾本書的人就能夠應付的。不過我想起一個故事，不知道算不算是對於這個問題的回答。」

「什麼故事？」

「這個故事是出自一部《布吒婆樓經》。[13] 布吒婆樓是佛陀時代一個印度的遊方學者，有一天他遇見了佛陀，並和佛陀討論起意識的問題。這位遊方學者告訴佛陀，他曾經在一次集會上聽到

13　此處所引《布吒婆樓經》為巴利文經典，本文間接轉用。詳見佛使比丘，《無我》（嘉義：香光書鄉，1997），頁75。漢譯本收於大正藏第一冊《長阿含經》中。

一群人討論「意識」的問題，有的人主張「意識」無法被任何東西所控制，而會自動生起與消滅；有人認為所謂的「自我」就是「意識」，當「自我」進入身體時，「意識」便開始產生。佛陀聽完了布叱婆樓的問題，首先告訴布叱婆樓，那些認為意識是沒有辦法經由個人加以控制或者止息的人當然是錯的。接著佛陀一一分析四種禪定的境界。在初禪的時候，一個人的意識或者感覺便不起作用，代之以喜悅和快樂。在二禪時，『尋』和『伺』的意識消失，代之而來的是由定所生的喜悅。在第三禪時，喜悅的感覺消失，取代的是由平靜所生的喜悅。等到第四禪時，連快樂的意識也消失了，取代的是平靜淨化後所產生無分別的狀態。這位遊方學者從來沒有聽過對於禪定如此深入的分析，他感到極度的敬畏，於是接著問佛陀：『那麼意識是否就是自我呢』？佛陀沒有辦法回答這一個問題，因此便反問布叱婆樓：所謂的自我究竟是什麼東西？」

　　我停了一下繼續說道：「布叱婆樓於是回答：『我所謂的自我具有明顯的形體，由四大組合而成，需要米麥這類東西來滋養的東西。』佛陀說：『如果你對自我的定義是這樣，那麼你所謂的意識和自我便不是同一個東西，就好像生起的意識與消失的意識不是同一個東西一樣。』[14] 布叱婆樓於是接著又說：『假如我認為自我是主要的心靈元素，再加上次要的器官組合呢？』佛陀於是回答：『即使如此，意識與你所指的自我仍然是兩回事，意識生生滅滅，他們不可能是同樣的東西。』最後布叱婆樓說道：『那麼假如我指的是沒有形象，由意識所造成的自我呢？』佛陀答

14　佛使比丘，《無我》，頁80

道：『即使如此，他們也不是相同的東西，討論你所說的從意識所生的自我是沒有意義的，因為生起的意識與消失的意識根本就是不同的東西。』」[15]

「學長我還是不大懂佛陀的意思耶？」她問道。

「這就是我們前面所說的譬喻。假如有一杯水一直不斷地更換它的內容，那麼如果我稱前五秒的那一杯水叫作『小毛』。很顯然的，前三秒的那一杯水就一定不是『小毛』了。」

「是啊！」

「同樣的道理，假如這一秒鐘與下一秒鐘，生起與消失的意識都是不同的東西，那麼說『意識』具有『我性』顯然就很荒謬了。要是意識有手有腳的話，搞不好還會為了爭奪誰是正牌的『自我』而打起架來呢。」

「學長你的意思是我們不能夠把我們所想的念頭稱之為『自我』？」

「是的。」

「所以我們也就沒有辦法舉出任何東西證明『自我』的存在了，因為凡是我所能舉出來的，都必須經過「意識」這一關。」

「非常聰明。佛陀告訴布叱婆樓說：『假如有一個人拿了一隻梯子來到十字路口，向人說他要去爬一座城牆，但是當其他人問他：『要攀登哪一座城堡？牆在哪裡？是在東方？西方？南方或北方？城牆是高的？是低的？還是中等高度？』他回答說：『不知道』。於是他們進一步問他：『是否要將梯子放在一個你從未看過的城牆上？』他說：『是的』佛陀這時候便告訴布叱婆

15　佛使比丘，《無我》，頁80。

樓，想要攀登城堡這個人的話是沒有任何實質內容的，因為我們不可能攀登這樣一座的無法被認識的城牆。』」[16]

我緩緩地吐了口氣，故事終於說完了。只聽見學妹說道：「這就是學長的故事？」

「是的。」

「有點不好聽。」她抒發了感想。

「好吧！也許這個故事不太好消化，但是重要的是，主張有『自我』或者『精神實體』是沒有意義的事情，因為我們虛構了一個永遠不可能被認識的名詞。」

「可是」她皺了皺眉頭：「假如沒有『自我』，為什麼佛教常常要人破『我執』、『我慢』什麼的。這個『我』又是如何地產生？又佛家不是主張輪迴嗎？假如沒有『我』的話，那麼到底又是『誰』在輪迴呢？」

（五）云何有我

「你的問題非常有趣，從前我也有跟你一樣的疑問。其實經中所說的『我』乃是一種方便法，因此《金剛經》中才會一再重複『如來所說某某，即非某某』的觀念。這就好比從前數學老師每次都在黑板上畫出一大堆的圖形，幫助我們瞭解幾何的概念，黑板上這一個順手畫來的圓形，絕對不等於抽象觀念中的完美圓形吧？」

「是啊！它只是方便說明的輔助。」

「同樣的道理，『我』之一詞亦是如此。至於這個『假我』如何產生，佛學理論中有一套完整的心理學系統在研究這一個問

16　佛使比丘，《無我》，頁87。

題，那就是『唯識宗』。你曾聽過『八識』這一個名詞嗎？」

「聽過。可是對於它的實質內容卻不怎麼清楚。」

「嗯，識就是心的別名，意思是指一種認識的能力。八識便是由眼、耳、鼻、舌、身、意、末那以及阿賴耶識八種所組成。」

「眼、耳、鼻、舌、身、意這個我好像常常聽到。」

「是的，所謂的前五識，便是依附於眼、耳、鼻、舌、身五根所產生出來的認識作用，這五識比較容易理解，我想可以先略過。但是從第六識開始就不是那麼簡單了。我們不妨從這裡開始。」我邊說邊畫圖以方便解釋：「第六識名叫『意識』，它是心識活動中心，也就是我們攀緣外境的緣慮心。它依於『意根』，也就是『末那識』，然後伴隨著前面五種意識中的任何一種生起，產生判斷的作用。」[17]

「果然有一點抽象，學長能不能舉個例子說明呢？」

「譬如說有個傢伙揍了我一拳，我的『眼識』產生了拳頭揮來的影像，而『身識』也產生了接觸的感覺，這時候『意識』便把這一些訊息綜合起來，產生了對於疼痛的判斷。『意識』的判斷根據什麼而來呢？它是根據『末那識』所產生的我執。『末那識』產生一個驕傲自大的『我』出來，然後呢『意識』便在『我』的概念上產生了『我』受到侮辱，真是豈有此理，此仇不報非君子，咱們白刀子進紅刀子出的念頭來。因此第六識的作用可以分兩方面說明，第一方面叫作『五俱意識。』」[18]

17　于凌波，《大乘廣五蘊論講記》（財團法人佛陀教育基金會印贈），頁122。
　　又參閱于凌波，《唯識三論今詮》（台北：東大圖書，1994），頁166。
18　于凌波，《大乘廣五蘊論講記》，頁123。

「『五俱意識』？」

「是的。」我寫下這一個專有名詞道；「也就是說前面的五種意識，只要有任何一種識生起，第六識也隨即伴隨出現，否則前五識的訊息便只是一大堆的訊號，在還沒被編碼時是雜亂無章，完全沒有時間順序的資訊。」

「啊！我懂了。就好像假如把軟體程式的執行序號抽掉，雖然每一個指令都寫正確，但是電腦依舊無法判讀執行一套完整的作業系統。」

「可以這麼說。」

「那第二種作用呢？」

「第二種叫作『獨頭意識』，又叫作『不俱意識』，也就是它可以不跟前面五種意識俱起，而可以單獨產生的意思。好比像作夢、回憶等種種的妄想。」[19]

「唔，這個就比較好理解了。好像我們平常坐著沒事，不需要感官的刺激，也能胡思亂想，無中生有一樣。」她點點頭。

「明白了前六識，接下來是比較複雜的兩識。首先是第七識『末那識』。」

「『末那識』？」

「這是梵語，假如採取意譯的話，剛好也叫作意識。因此為了避免與第六識產生混淆，我們於是保留了梵音。因為心識的生起一定要有所依附，前面的五識依賴的是五根。而我們剛剛也說了，『意識』卻可以胡思亂想、無中生有，那麼學妹妳猜『意識』

---

19 獨頭意識有四。一者「散位獨頭意識」；二者「夢中獨頭意識」；三者「定中獨頭意識」；四者「狂 亂獨頭意識」。詳見于凌波，《大乘廣五蘊論》，頁 124。

又是依靠什麼呢？」

「『末那識』。」她俐落地說道。

「答對了。『意識』不僅依靠『末那識』處理前五識的訊息，同時也依著『末那識』產生各種的意念。『末那識』產生了一個『我』的概念，我們的各種念頭於是就圍繞著『我』打轉。」

「有道理。比如說『我』想變漂亮，『我』要去逛街，假如沒有了『我』，那麼變漂亮的念頭就變得沒有目的了。」

「第六識雖然也有思維判斷的作用，但是那是不連貫且沒有系統的，因此『末那識』的功用便是把這些獨立的思維判斷串聯在一起，產生了一個『我』的觀念。像是『我』某某某三歲喜歡小貓，五歲討厭吃菠菜，長大之後又各經歷了哪些改變等。它像是堆積木一樣把不同的識組合成一個『我』來，然後執以為實，產生各種的念頭。這樣做對『我』比較好、那樣做『我』才不會吃虧等等的念頭。」

「可是這跟第六識最大的分別又在哪裡呢？」

「最大的分別就在於第六識雖然能思量，但是它卻有時間斷層，也就是沒有時間順序感。而『末那識』卻會編排這些判斷構成一個完整的審查思量。」

「那麼第八識又是什麼東西呢？」

「第八識叫作『阿賴耶識』，又叫『藏識』，因為它能藏一切種子，為一切萬法的根源。」

「聽起來很有趣。」

「沒錯。我們說第六識『審而非恆』，也就是能思考，卻沒有時間保存性。『阿賴耶識』剛好相反，它是『恆而非審』，意思就可以儲存無限多的資訊一直到永恆，可是它本身卻不會做任何

的判斷與思考。」

「為什麼呢？第六識與第七識都會判斷，為什麼唯獨第八識不會？」她有點困惑。

「這個道理很簡單。」我道：「因為『阿賴耶識』的功用在於儲存紀錄，就像電腦的硬碟。假如它會自己思考和判斷，那麼結果會非常的糟糕。」

「怎麼說？」

「好比我今天辛辛苦苦打了一份報告進去，結果呢硬碟認為這一份文件實在錯誤太多了，於是拒絕幫我儲存。等到下次我興高采烈，打算叫出檔案繳交作業時，電腦居然告訴我：『對不起，因為硬碟先生認為儲存你的報告有辱它的碟格，所以呢這份文件已經自動幫你刪除了。』」學妹噗哧一聲笑了出來。

我繼續說道：「同樣的道理，假如今天我起了一個詐騙的念頭，或者真的偷了一塊錢，結果這個訊息送到『阿賴耶識』去儲存的時候，『阿賴耶識』卻說『末那識』你怎麼可以這麼的不道德，然後拒絕接受這一個檔案。佛教向來最重因果，只這麼一來業力查不到這一筆帳，請問將來因果律向誰討回這一個公道？因此阿賴耶識的特色是不辨好壞，只要識心起了一個念頭，就在八識田中種下一顆種子。善有善報，惡有惡報，絲毫不爽。」

「學長你的譬喻還真是有點好玩，不過你這麼一說，我覺得還蠻具體的。『我相』便是在這八識交互左用下產生出來的。不過學長我還是有一個疑問。」

「什麼疑問？」

「妳剛剛說第八識可以永恆的儲存訊息，那這樣子算不算是一種永恆的存在呢？這豈不是違背了無常的法則，變成一種類似

『精神實體』的東西。」

「嘿、學妹妳的問題可真不少，再這樣下去我都快被妳問倒了。」

「學長你不知道答案嗎？」

「總算還能應付這個問題。」我道：「在《唯識三十頌》裡頭稱『阿賴耶識』是『恆轉如瀑流』。還記得『心如瀑流』這一句話嗎？『阿賴耶識』當然也不例外。叫作恆，表示它沒有斷；叫作轉，表示它沒有住。妳可不要以為這只是哲學上的思辨而已，事實上也是如此。」[20]

「我還是不明白。」

「譬如我們培養一種細菌讓它自己分裂生殖，每一隻細菌的生命可能只有百分之一秒，但是當它分裂時，它會把複製跟自己一模一樣的新細菌出來。因此細菌的形體雖然不斷在轉，它的遺傳密碼卻永遠保留下去，我們固然可以說某隻特定的細菌已經死了，但是就它可以複製自己這一點來看，它的生命又好像無窮無盡。又好比一個軟體從這部電腦灌到下一部電腦，儘管固定電腦的軟硬體經過一段時間都會錯誤毀損，可是這套軟體如此接力式地複製下去，只要一億年後的子孫還擁有這一型的電腦，這個程式還是可以被執行。」

「這樣侵犯了智慧財產權！」

「好吧！不過總算有了代價，那就是讓妳明白了『阿賴耶識』雖然恆久儲存，卻不是一個有常的『精神實體』。說了這麼多，我想第二個問題你也許可以自己解決。」

20　于淩波，《大乘廣五蘊論講記》，頁 137。

「第二個問題，哎呀，我差一點都忘了還有另外一個問題。」她失聲道。

「是的，那就是如果沒有一個永恆的靈魂，那麼到底是『誰』在輪迴？」

「咦，讓我想想看。」她遲疑了一下「不是靈魂在輪迴，也不是常我在輪迴，那麼應該是說『識』在輪迴囉！」

「沒錯！『假使百千劫，所作業不亡。因緣會遇時，果報還自受。』業是動作，也是力量。業一旦產生，除非受報，否則永遠不會滅失。假如今天種下一顆惡業的種子，那麼挽救的方法便是把這一顆種子丟在石灰裡，不給它陽光空氣和水分，讓這一顆惡業的種子不會長大發芽。因此是誰在造業，是『末那識』所虛擬出來的假我在造業，是誰在受業，也是這個虛擬的假我在痛苦。主張一個靈魂在輪迴的說法，那也是『但有言說，都無實義』，一些沒有意義的主張。」

「可是學長，顯然大家不是很注意這兩者的分別，所以好像使用『靈魂』這個詞的人很多。」

「的確，其實有時候我們閱讀一些靈修的書籍，會覺得其中有許多的說法和佛法非常的相似，惟獨在『無我』這一個論題上佛教顯然更深刻。」

「例如呢？」

「例如在印度《奧義書》的時代，當時以三世因果推動常我在輪轉的思想便已非常的流行。[21] 另外像在《薄伽梵歌》這一本書中，對於物質世界的描述，宇宙論的知識都非常的令人訝異。

_____

21　詳見聖嚴法師，《比較宗教學》（台北：臺灣中華，1995），頁 117。

然而《薄伽梵歌》認為宇宙有一個至尊主『奎師那』，例如有一段詩節說：『遠離依附、瞋怒、恐慌，時時思念我，托庇於我。因為認識我，過往許多人，紛紛得到淨化，而達到對我的超然之愛。』[22] 以三法印的觀點，儘管他們都在教導人們破除小我，但是還是不究竟，還是停留在一個大我的境界，而無法達到最後的涅槃。」

「學長這裡你用了『涅槃』這一個詞語，從前我一直以為那似乎就是在說一種類似永恆的天國這樣的境界，不過今天聽了你這一番話，顯然兩者並不相同。假如一切的事物都是無常的，那麼『涅槃』到底又是什麼樣的狀態呢？」

「嘿！」我乾笑了一聲：「妳這下子可把我問倒了，這麼說好了：一來以我淺薄的佛學知識，還不夠格解釋什麼叫作涅槃的境界；二來涅槃的境界也絕對不是言語可以詮釋的。還記得椅子的譬喻嗎？我們不可能用語言思維去詮釋涅槃，假如涅槃可以被詮釋，顯然也就不究竟。這就好像世界上的的確確存在了一種從不評論自己的人，然而他卻從來不能夠向人陳述自己這樣的性格，因為一旦他向任何人說『我從不論斷自己』，那麼同時他就論斷了自己。只是我必須明白的指出一點，那就是『涅槃』之中絕對沒有我性的存在，不管是『大我』或者『小我』。理論走到了這裡，接下來就只能靠信仰了。[23] 妳問我『怎麼知道有涅槃』，我會告訴妳，『這是因為佛是如語者，實語者，不妄語者』。作為

22　聖恩 A.C. 巴克提維丹塔·斯瓦米·帕布帕德英譯及評述，《薄伽梵歌原義》（新北市：巴帝維丹達，1997），頁 165。

23　這句話的意思是以我的能力只能走到這一層，其他高僧大德則自有精闢的見解，以詮釋涅槃的境界。

一個佛教徒，我對佛陀的教義絕對不會發生任何的動搖。」[24]

　　「學長你不怕別人指責你是迷信嗎？」

　　「迷信！」我笑了笑：「只有那些從來不去思考別人的說法，『人云亦云』者才是真正的迷信。而現在全世界最多『人云亦云』，最大的一個迷信便是只要聽到別人信仰宗教，就說別人是迷信。從釋迦牟尼佛開始，包括僧團裡的弟子，許多都是當時印度最有學問，最有名的大論師。中國本土的佛教中，也出現了一大堆辯才無礙，博學強記者。佛陀也鼓勵他的弟子不可以隨便接受任何的觀念，必須經過理性審慎的思考才能相信，全世界大概沒有第二個宗教比佛教更強調理性的重要了，光是佛經裡頭的記載，便包括了天文、物理、心理、哲學各種學問，因此假如有人覺得茹素禮佛是種迷信的話，那也是他們無知，由得他們去吧……。」

§ § § §

　　山風透著幾許的寒意，我不自覺打了個哆嗦，頓從沉思之中覺醒過來。那一天我們討論了很久，然而這些對話電閃而過，不過也是彈指剎那的時間罷了。此時腦海之中依舊殘存「無我」的問題，「我」重新詳端身前這朵紫色的無名花，重新想起〈辛夷塢〉最後的兩句話：「澗戶寂無人，紛紛開且落。」但，假如山

24　每一門的學問都建立在一個理性的論證模式上，然而追問到最後，彼此也都還是建立在「信念」上。佛理精微，許多論點固然可以以理智闡述，然而一旦超越智識，則便是築基在信仰之上。世人皆以數學為鐵律，其實睽諸歐幾里得幾何學，不也是建立在五個不可被證明的公設之上，脫離這五個信念，則發展出另外兩種信念系統，如黎曼幾何，與羅巴切夫司基幾何。這個問題討論起來非常龐大，本文無法負載，將來有機會再另文討論之。

潤之中沒有任何人的心在注視著芙蓉花，那麼芙蓉花又怎麼會生滅變化呢？事物是因緣所生，萬法是唯心所造，處在一個沒有心識注視的狀態下，電子是不可被觀察的真空，芙蓉花自然也無存在生滅的問題，佛學精湛的王維又怎麼會寫出這樣執境為有的詩句？

轉身回房，一片枯葉從我臉頰擦過，「真呆！」我伸指在自己的額頭上彈了一下。王維雖然說山潤之中寂靜無人，可是我卻忽略了，千百年前還有一個人在意識著這一朵木末芙蓉的變化，而我苦苦思考，偏偏卻是遺忘『他』。回首環山，我踱步回房，夜幕已貼近我的肩膀。

三、當前智性文化的危機

現代社會智性文化發展具有許多重大隱憂，諸如功利化的知識學習方式、偏重理工發展而缺乏人文內涵的思考……。問題細數不盡，在這裡我則提出我最關切的一點，也就是對於教育與受教育缺乏莊嚴感的憂慮。

教育乃是決定個人乃至人類社會升沉的關鍵，《禮記‧學記》有一段發人深省的話：

發慮憲，求善良，足以謏聞，不足以動眾；就賢體遠，足以動眾，未足以化民。君子如欲化民成俗，其必由學乎！

玉不琢，不成器；人不學，不知道。是故古之王者建國君民，教學為先。〈兌命〉曰：「念終始典于學。」其此之謂乎！

　　〈學記〉認為一個人起心動念雖都合於軌範，心心念念尋求善良之人，如此只能獲得自己個人的美好名聲，還不足以感動眾人；如果能夠親近賢能之人，體察遠方的人事物，雖然可以感動眾人，還不足以教化人民；想要教化人民、改變風俗，唯有通過「教育」才能夠實現。

　　為什麼教育具有如此大的效用？依我自己個人的體會，因為教育是個人人格的提升與內在觀念改變的根本力量。教育真正的價值不是知識的傳導與文化的傳承，而是通過學習讓個人生命處於自強不息、日新又新的狀態。

　　然而功利化的學習方式讓人們對於教育與受教育的莊嚴感消失，缺乏了對於教育的莊嚴感，則不懂珍惜固不待言，連帶的自我更新、反思成長的能力也將隨之委靡枯槁。莊嚴感能夠產生自重心與恭敬心兩種力量：自重心對自己，恭敬心對他人。尊重自己的人才會感到不足與慚愧，因此真正自重的人必然願意不斷改變自己，有如收藏了一幅名畫般，必不願意看見任何灰塵灑落其上，也更樂於見到他人對於這幅名畫的讚嘆。同樣的、一個人尊重且樂於接受教育，代表這個人樂於淨化自己，他的生命必是苟日新、日日新、又日新，不斷活化，往美善之境前進。只是如同〈學記〉所說「人不學，不知道」，沒有教育，人們又怎麼知道自己擁有無盡的寶藏，而珍惜自重之心也就無從生起。

　　進一步來說，一個尊重自己的人必然也會尊重他人，這是理上的必然。好像如果我們買了一輛名貴的跑車，絕對不會拿它任意去刮別人的車（即使我們對於某些駕駛人非常不滿）。社會上充滿了許多暴戾的青少年，歸根究底，根本原因仍是因為他們尚未找到自己的價值，種種剛強狠偪、自我中心的行徑，其實都是

沒有自信、缺乏自重的表現。當他通過身體、語言傷害他人時，就如駕駛破車去刮傷別的車子的油漆，內心沒有任何的遺憾或不捨。

　　莊嚴感的第二個特質是恭敬心的表現。所謂恭敬心乃是真誠、自然、謙虛地由內心發出對於別人的尊敬。當一個人樂於接受教育（不是樂於追求文憑），代表他知道自己是不足的，這種不足不會引發自卑，反會使他尊敬給予知識的老師與教育體系。一個人如果恆常知道自己的不足，時常將自己處於次位考量，而能以恭敬的心對待他人，則這個人的內心必然是清靜、柔和、寬大、良善的。擴大到整個民族，如果這個民族樂於學習，活力必然相對強大，自我改變、接受外境挑戰的能力也將隨之增強。

　　從這點來看，恭敬心實在是一種最好的養分，能夠潤澤種種的美德，同時讓人具備與時俱進、不斷成長的能力。由於恭敬心的反作用力，這個人必然也會受到他人的喜愛與恭敬。遺憾的是，隨著對於教育莊嚴感的消失，自重心與恭敬心也慢慢消失，一切教育的根本問題都從這裡開始。

　　這幾年來我陸續在政大、東吳、成大等學校教學，很幸運的接觸到的學生都是善良而樂於學習的，講課實是一件愉悅而充滿智性樂趣的工作。我在開學的第一堂課總是告訴學生：我的課是有起立、敬禮儀式的。不是為了形式的要求，而是代表對於受教育這件事的尊重，並讓自己的心態調整到上課的頻率。多年推行下的結果，從沒有學生抵制不悅，反而彼此都能在其中體會到受教育的莊嚴感與教育者的任重道遠。

　　知識論本身探討知識體系、知識如何可能等問題，但是如果失去自我提升這個環節，其實只是哲學家或者學者個人的智性樂

趣表現。也因此站在現代哲學心靈關懷的立場，我在這裡不惜多費篇幅引伸寫了這段文字。現代社會的最大危機不是沒有知識學習、沒有教育機會、或者學生好不好教，這些都是次要的問題。真正深層的危機，在於龐大的知識學習體系引發不出人文心靈的莊嚴感。唯有重新確立智性傳統與莊嚴感，人類未來社會才有可能持續朝理性美善的方向前進。

〔閱後再思考〕

1. 西方傳統的宗教與科學具有重大不可調和的地方，許多人因此以西方文化類比於所有宗教，要求宗教信仰不應干涉科學發展。但從現代科學發展與佛學理論來看，你認為宗教與科學仍然處於衝突關係嗎？還是他們應當是互證合作的關係？

2. 從現在電腦科技來看，螢幕的顯像乃是軟體設定的結果。請從這個例子分析佛教唯識學的觀點。根據這個理論，我們應當如何做才能創造生命真正的和平與幸福？

3. 佛教怎麼看待人生之苦？如何處理？

4. 第三、四章分別探討西方哲學與佛學對於理性的界限，你可以試著比較其異同點嗎？

5. 推薦觀賞影片：李奧納多・狄卡皮歐主演，《全面啟動》（Inception），2010 年上映。

第五章

道德所以然（一）
關於倫理學的幾點反思

〔閱讀前思考〕

1. 你認為有沒有客觀普遍的道德法則存在？道德應當是一種絕對還是相對的標準？

2. 什麼是道德產生的最根本原則？道德與倫理的差別又係為何呢？

3. 你認為應當以什麼標準作為道德行動判準？個人的動機？還是行動產生的利益？

一、客觀道德規範是否存在

　　中國傳統社會乃是一種以道德實踐為主的社群型態，許多規範都有高度的時空背景，但都被冠上道德之名，致使道德一詞讓許多人感到不悅與反感，認為那是限制人性與自我舒展的人為限制。這個批判暗示了道德乃是相對的價值，沒有絕對普遍的道德律存在。如在東方社會，直呼父母名字乃是不可思議之事，但在美式電影中似乎頗為理所當然，而老人住在療養院也不算是子女的不孝。再加上傳統許多規定確實違反人性，如對於沒有守貞的婦女進行私刑，這種事情至今仍在許多宗教立法國家發生，每次

躍上新聞也總讓人感到訝異與憤怒。也因此許多人傾向主張道德具有高度時空變異性，絕對的道德信念代表絕對的壓迫與自我中心價值觀。

　　道德相對論的觀點似乎寬容合理許多，它表面看起來很符合理性，也讓人願意接受。只是就我而言，道德相對論終究是個難以接受的命題，因為我實在很難想像，如果一切道德律都是相對的，我們究竟要如何產生道德實踐力？例如當某個社會極度壓迫女權，我們如果意欲改變，但假如那個社會的女性都能接受認同，想要改變的人豈非失去正當性？再舉個簡單的例子：如果傳統社會的女性都認同裹小腳是美的，那麼外人要求改革裹小腳的呼籲就是多餘的；如果古代婦女認為守貞守節是他們的義務，現代社會又憑什麼介入進行評價，認為這是一個壓抑女性的社會？畢竟，其中的女性自己都認同了這樣的行為。而現實是，有時壓迫媳婦的往往是婆婆而非公公。

　　傳統社會許多錯誤來自於他們將錯誤的、非普遍的規範設定為道德，然後又用錯誤的、違反理性的手段執行（如私刑、排擠等方式）。但從邏輯或現實面而言，很難想像沒有道德法則存在的情形。若人問我「有什麼道德律是普遍的」？我會回答：「當然有，雖然不多，但普遍律本來就不需要多。它不是《六法全書》中多如牛毛的法規，反而更像牛頓三大運動定律，雖然只有三條，但卻幾乎解釋了地球物理所有的運動。」

　　如孟子認為「仁義禮智」就是普遍的道德律，只有四條，不可殺人之「仁」就是一種普遍的道德律，古今中外除了邪教外，我還找不到哪個社會法律或宗教誡命會說殺人是對的。進一步申論「不可殺人」又從哪裡推導出來？我認為一切道德命令都從

「己所不欲，勿施於人」這個命題而來。

因為我不喜歡被殺，所以我殺人是不對的；因為我不喜歡東西被偷盜，所以偷盜他人的東西是不對的。人類社會一切的善法與規範都可以從這條根本律導出，也因此如果有人問我真的有客觀道德律嗎？我會回答「己所不欲，勿施於人」就是。這是一個全稱命題，我已經盡了說明的義務，如果再有人質疑，接下來就要由他負舉證責任了。因為在邏輯上主張，全稱命題者沒有窮舉的可能與義務，反對全稱命題存在者，才有舉證的責任。

事實上，對於普遍道德律存在的證明不僅於此，我們也能從歸謬證法反向導出人類社會確實存在普遍道德誡命，「尊重別人」就是這種美德。例如有一名老師上課教導學生「孝順父母是一種美德」，並以此特別叮嚀教誡平日時常頂撞父母的某甲。某乙是個非常具有獨立思考、主張價值相對論的學生，他於是舉手發言：「老師，請不要把你自己傳統的價值觀加在我們身上，我不認為有絕對的道德存在，孝順也是。」

乙應該是個充滿實踐與批判力的學生，畢竟正常情形下沒有幾個學生願意這樣衝撞老師。但問題是，乙表面上否定了孝順乃是一種客觀的道德，但就在乙請老師停止洗腦這個行為時，他就是根據他自己、其實也是一種普世價值而發言：也就是尊重他人。「老師應當尊重學生的道德選擇」的這個主張，就是乙執守的道德誡命，也因為這個道德誡命對乙而言是如此深刻、真實且必要，才會讓他產生舉手反對老師的勇氣。因為如果乙對自己認為「要尊重別人的想法」感到懷疑，他就沒有實踐的必要性。這樣一來，如果老師教導甲「孝順父母」是價值的強行置入，那麼乙要求老師「尊重甲，不要再講孝順多麼重要」這件事，不也是

對老師的一種價值強迫與觀念洗腦？

　　這就是道德相對論者的矛盾，假如我們不立一條界線，我們就無法判斷別人是否逾越界線；假如立了界線，則至少「尊重別人擁有相對道德信念」這個信念，就是絕對的。

二、我們應該如何判斷道德行動

　　如同前面所說的，一切道德命題都從「己所不欲，勿施於人」來，根據這個原則，我們應當如何判斷道德行動，也就是什麼是我們可以肯定的行為？這裡我提出一個非常簡單的方法提供大家參考──第一念的將心比心，推己及人。這條規則即是「己所不欲，勿施於人」黃金律的變形運用。

　　多年以前曾經有外國人來臺灣拍攝檳榔西施，有人以檳榔西施乃是臺灣本土文化，認為主張抑止這股風氣的都是道德迂腐之士。反對者是不是迂腐之士我不清楚，也無法一一檢驗。但是我會建議自認為心胸開放者不要輕易這樣指責，畢竟這也是另一種的道德指控。不過想要支持「穿著清涼的檳榔西施乃是本土文化，凡是本土文化都是好的或者至少是中性」者，至少應該先嚴肅地反問自己：「如果他是我的母親、姊妹、女兒。當他穿著清涼讓人觀看、評價、攝影時，我的心情是否仍能對此感到愉悅、驕傲、或平靜？」若可以，那麼確實有資格要求別人不要以道德眼光看待這件事。但只要捍衛者有一絲絲的猶豫之心，那麼問題就非常嚴重了，它顯然通不過黃金律「第一念的將心比心，推己及人」這一關。

　　「第一念」是孟子提出的標準，好像看到小孩子要掉進井

裡，人的第一念就是救助他，沒有任何利害的考量。這是我們內在意志的最原始發動，好像法諺所說「案重初供」一樣，第一次的口供最是真實。換言之，只要有一絲絲的猶疑，就代表了我們的內心確實感到不安；而一件自己感到不安不悅之事，卻很樂意讓他人的姊妹兒女去做，甚至鼓勵去做，這個行為本身就讓人非常不能苟同。

這是一個嚴肅的反問，道德對錯的判準來自人類最深層根本的公平感覺，由「己所不欲，勿施於人」法則導出「將心比心，推己及人」；由「將心比心，推己及人」體認對於穿著清涼吸引顧客行為感到不安，最後確認這是違反道德的行為。我所不願他人做的，怎麼可以因為眼前這個人與我無關而大大鼓勵之。這顯然是一種假借泛平等主義與道德相對論之名，而慷他人之慨的行徑。表面好像要捍衛檳榔西施的工作權，但不管有意無意，追根究柢都是自私或無知的表現。

寫到這裡，我有必要做出進一步的澄清，深怕他人誤會我乃是歧視檳榔西施等女性工作者。剛好相反，道德律必然導出尊重原則，因為我不想被他人輕視歧視，必然的我應當不輕視歧視（尊重）他人。只是我們應該透過教育宣導、社會政策、擴大就業等方式改變這些問題，絕非壓迫輕視或道德審判他們。道德判斷不是對對象的否定輕視，兩者是脫鉤的。只是一般人常將兩者連結，因而造成許多獨斷與傷害，乃至通過宗教法庭處罰他人，都違反了「己所不欲，勿施於人」原則。

我想道德一詞今天之所以讓人感到戒慎恐懼，正因為過去許多人乃是盲從於形式規範，而忽略了實質精神所致。從人類歷史發展軌跡來看，這種自以為是的迷信真是可怕，如對違反宗教道

德誡命者處以火刑或以石頭砸死。影響所及，許多人或不相信、或者蔑視道德的價值。事實上真正的道德乃是同理心的發用，因此真正的道德實踐，必然導出寬容立場以及「嚴以律己、寬以待人」法則。完全否定或者主張只有相對道德價值存在者，不但無法產生行動力，反有可能造成另一種形式的壓迫──他們不允許道德實踐者的存在與發言，所製造的寬容，也適足以延長弱勢者的痛苦。

三、絕對道德律衍生的相對倫理規範

　　與道德不同，倫理乃是一種相對的義務或者相對的合宜關係。我們為什麼會對自己的父母「晨昏定省」呢？因為他們是我們的父母，離開「我們的」與「父母」這兩個要件，「晨昏定省」這個義務也將解消，如對於別人的父母或者自己的平輩晚輩，行為禮儀都將出現相對性的調整。「晨昏定省」不僅隨著對象而改變，也隨著時代改變。現在這個行為恐怕已經不多見了，多數時候都是父母呼叫正在賴床中的兒女起床，但是這些儀式的改變，並不影響他們成為父慈子孝、兄友弟恭的一家人。是否減損孝行表現的道德性，端看這個文化體或時代能不能接受，也就是大家是否取得共同同意。

　　道德是絕對而獨立的，倫理則是相對而互存的。道德是內發的，它本身就是價值，不因人事時地物改變而改變；倫理作為附屬規範，則會隨著時間、空間、人物變化而不同。當魯賓遜漂流到荒島只剩自己一個人時，他每天對父母「晨昏定省」這個行為的必要性也隨之解消，但魯賓遜敬愛父母的心並未減損。剛好相

反，假如魯賓遜在荒島仍能尊敬孺慕父母，則他的道德主體性反而因此更得到凸顯。

道德是一切行動之因，本身不需要再有任何原因支持，更不會受到其他因素改變而有所不同。倫理則是道德價值的形式化與規範化表現，有時僅是一種形式正義，有時則與實體價值結合。對於孔子而言，三年之喪的規定就是如此，如《論語・陽貨篇》記載：

> 宰我問：「三年之喪，期已久矣。君子三年不為禮，禮必壞；三年不為樂，樂必崩。舊穀既沒，新穀既升，鑽燧改火，期可已矣。」子曰：「食夫稻，衣夫錦，於女安乎？」曰：「安。」「女安則為之！夫君子之居喪，食旨不甘，聞樂不樂，居處不安，故不為也。今女安，則為之！」宰我出。子曰：「予之不仁也！子生三年，然後免於父母之懷。夫三年之喪，天下之通喪也。予也有三年之愛於其父母乎？」

宰我從經濟與現實面考量，主張改革三年之喪，避免人民生活秩序受到影響，這似乎是一個合理的主張。禮儀禮制本就應該與時推移，這也是聖之時者也孔子一貫的態度。孔子當場不便反對，只問了一句「你心安嗎」？宰我既答「心安」，孔子也就不再多言，但在宰我離開後批評其不仁，如此孔子的立場已經非常清楚了。

請注意這則公案的因果關係：不是因為宰我心安此舉違背了孔子的價值觀，而是因為宰我缺乏孝敬感恩心，因此被稱為不仁，因為不仁，所以心安。從今天的角度來看，不要說三年之

喪，守三月之喪對於工商社會而言都是一種奢求，「三年」應是一種形式正義非實體正義。不但可以改變，也必須改變。但就孔子而言，這個規定同時鏈結到實體價值，也就是至少回饋三年的恩情，它同時具備實體正義（孝心）與程序正義（孝行），成為不可動搖的準則。

　　由於倫理規範旨在規定群我關係，它必然要考慮時空環境及分位差異等變因。例如古人主張「叔嫂不通問」，這個規定源於「男女授受不親」道德信念。現在我們也許視為迂腐，但卻符應古代社會形成的倫理規範，它所想要保護的價值，即是「男女互動應當保持正確合宜的分際」。這個觀念有變更嗎？當然沒有，否則今天政治人物、演藝人員婚外情或男女曖昧的新聞又為何如此引人注意？

　　若有人主張婚外情沒有不道德，男女曖昧不應以道德眼光視之，同樣可用前面我所提供的黃金律進行判斷。根據「將心比心」法則，一旦其中主角是我們自己的妻子或先生，我們會接受嗎？如果不接受，顯然「男女互動要有合宜適當的分際」仍是我們所要保護的價值，與古人主張「男女授受不親」目標是一致的，我們實在沒有嘲笑古人迂腐，也無擅自鼓勵的權利，除非有人能夠真心愉悅接受「妻女與人曖昧授受」這件事情。

　　至此，我們也許可以通過排列組合思考下列幾種可能的行為情境：

	合於道德	不合道德
符於倫理	A 合於道德 符於倫理	B 不合道德 符於倫理
不符倫理	C 合於道德 不符倫理	D 不合道德 不符倫理

我在這裡試圖填進幾種案例，有興趣者當然可以自行無限增加：

1. 情境 A：所在多有，例如孝順、合群。
2. 情境 B：理論上不可能出現，因為倫理乃是道德的下位規範，根據道德信念所生，理論上不可能出現不合道德，而卻符於倫理的情形。不過由於特殊歷史背景，與人類社會價值的多元發展，我們還是可以找到若干案例作為「可能」的例證，而這些例證也是倫理相對主義者最為喜愛的證明，如古代的烝報制。所謂烝者，即指父親死後，兒子娶庶母；報者，即指兄叔死後，弟弟娶嬸母之謂。春秋時代這些行為尚存於禮制之中，不過已經被當時的君子所批評，後來也逐漸湮沒消失。
3. 情境 C：例如大義滅親。
4. 情境 D：所在多有，例如弒親、亂倫。

四、結果論：功利主義的主張

有兩種價值判斷模式主宰了多數人的行動選擇，一是動機論、一是結果論。動機討論對錯，結果評價好壞。漢代董仲舒所

謂「正其誼不謀其利；明其道不計其功」（《漢書・董仲舒傳》），就是動機論的最佳註腳。從動機的角度思考，一個人有心救人卻因自己能力限制，即使對方沒有獲救，救援的效果等於零，但卻無礙於這個行為被歸屬於正義的判斷。

另一種以結果利益作為行動準據，如《墨子》所宣稱「義者，利也」，有利的行為即是正義的行為，正義的行為必然帶來利益。功利主義拋棄了動機考量，專從結果面判斷，其中最著名的即是邊沁、彌爾代表的功利主義學派（Utilitarianism）。由於功利主義一詞容易引發負面聯想，許多學者因此又將它譯為功用主義或效益主義。

功利主義乃是承續西方幸福論與快樂主義傳統而來，此派學說認為人是自然的產物，因而人的本性即是追求快樂與逃避痛苦。「苦」、「樂」既是道德的來源，也是善惡的標準。所謂「幸福」即是免除痛苦與求得快樂，至於利益則是幸福的基礎，蓋「行為產生的整體結果（overall consequences）決定行為的道德正當性。一個道德上對的行為，即是取決於該行為乃是所有可能選擇行為中，結果所能產生最大之善或者最小之惡的行為。」[1]

18 世紀功利主義創始人邊沁（Bentham Geremy, 1748-1832）首先確立功利主義「最大幸福」及「自利選擇」兩大原理。邊沁認為，人類行為準則取決於「增進幸福」或「減少幸福」的考量。不僅私人行為受此原則支配，政府措施也當據此行事。在邊沁看來，社會乃是個人的集合，社會的幸福即是全體個人幸福的總和，因此社會的幸福應以最大多數人之最大幸福作為衡量，他

1　參閱林火旺，《倫理學》（台北：五南，1999），頁 78。

在《道德與立法原理導論》一書中說道：

> 功利原理是指這樣的原理：它按照看來勢必增大或減小
> 利益有關之幸福的傾向，亦即促進或妨礙此種幸福的傾
> 向，來贊成或非難任何一種行動。我說的是無論什麼行
> 動，因而不僅是私人的每項行動，而且是政府的每項措
> 施。……那麼，共同體的利益是什麼呢？是組成共同體
> 的若干成員的利益總和。不理解什麼是個人利益，談論
> 共同體的利益便毫無意義。當一個事物傾向於增大一
> 個人的快樂總和時，或同義地說傾向於減小其痛苦總和
> 時，它就被說成促進了這個人的利益，或為了這個人的
> 利益。[2]

邊沁又宣稱對於「快樂」與「痛苦」的感受，只有自己最清
楚。因而每個人都能判斷「對於自己什麼是幸福」，凡是對於達
成自己的最大幸福有利的行為，不管對自己以外的全體幸福會帶
來何種結果，他必將全力追求。這是人性的必然，也是邊沁所稱
的「自利選擇」原理。

邊沁這種思想深刻影響到當時歐洲經濟學與哲學的發展，
然而這種肯定人性自利以及追求利益的觀點，無疑有助資本主義
與自由市場的盛行，使資本家能夠正當化自己的營利行為，連帶
產生貧富極度不均的社會現象。為了解決這個問題，約翰·彌爾
（John Stuart Mill, 1773-1836）於是針對邊沁之說做出了修正。
彌爾自小即受到邊沁學說影響，他堅信「幸福」是人類一切行為

2　邊沁，時殷弘譯，《道德與立法原理導論》（北京：商務印書館，2000），頁
58。

的標準，同時也是人生的目的。不同的是，彌爾目睹資本主義產生的弊病，因此主張人生的目的，應該跳脫「謀求一己幸福」的範圍，轉而關心他人幸福以及人類全體生活的改進，如此一來，彌爾便將「自利原則」轉為「自我犧牲原則」。[3]

儘管「功利主義」這個翻譯並不討喜，它總讓人聯想到自私白利，唯利是圖的意義，但事實上依據彌爾的解釋，由於人類具有為了群體利益而自我犧牲的道德能力，因此一位真正功利主義者將如墨子般，成為一個徹底的利他主義者。

此外彌爾又主張，雖然人的本性都在追求「幸福」，而「幸福」即是「快樂的獲得」與「痛苦的免除」。但是快樂有高級（精神快樂）與低級（感官快樂）之分。彌爾預設人們都會願意、且應該選擇高級快樂而放棄低級快樂。原因在於人性之中具有一種強大的社會感情，這種感情使得個人想同人類成為一體，不再做損害他人的事情。在此種情感下，彌爾相信人們必將依據「公共利益」作為行動的目的，以求人類全體幸福的增加。

源於功利主義的性格，彌爾也批判了歷史上各種的動機論，他認為「動機」與對行為的道德評價並無關連。一個不好的動機做出一個好的行為，只表明這個人的品格不高，但行為本身仍是高尚的。評價一個行為是否符合道德，應當視該行為的結果，而非行為者的動機。據此，彌爾晚年所著《功利主義》（1816年）

3　彌爾認為邊沁的「行動功利主義」（Act-Utilitarianism），係以最大多數最大幸福的原則考慮行動的後果，而不計較行為本身的善惡，此種思想具有極大的危險性。因此彌爾發展出「規範功利主義」（Rule-Utilitarianism），導入人之道德情感，堅持「正義」的觀念必須和「功利」一起計算，以利建構一套完整的倫理典範。參閱江太金，《歷史與政治·邊沁、穆勒與功利主義》（台北：桂冠，1987），頁287-291。

一書中，特別強調人類有為別人謀福利而犧牲自己福利的能力，但如果不能增加幸福總量，或者沒有增加幸福總量傾向的犧牲，只是白費功夫。

此外，彌爾也發展出「菁英統治」的主張，他相信具有知識、道德之人，對於快樂的判斷較為適宜，因此彌爾反對邊沁「每個人只算一個，任何人都不能算作一個以上」的快樂計算標準。彌爾認為具有知識道德之人在社會中畢竟只是少數，如果一人一票，則在多數決運作下，多數必然勝過少數，如此對於快樂之「質」的考慮也就失去了意義。從此立場出發，彌爾於是提出複票制、少數代表制、乃至菁英主義等政治主張。4

五、義務論：康德的目的王國

與效益論相對的，則是著重動機的義務論，西方最著名的即是康德「道德無上命令」觀點，東方則是孟子的性善說。康德（Immanuel Kant, 1724-1804）本身極為反對道德相對主義，他在《道德底形上基礎》一書中提出道德無上命令（The Categorical Imperative）命題，主要是將古老黃金律「你要別人怎樣待你，你也要怎樣待別人」轉成精確的哲學陳述，同時修正為如下的句子：

無上命令（The Categorical Imperative）
你只應根據你所定的，而你同時願意它成為一項普遍法

4　參閱張明貴，《約翰彌爾・功利主義新解》（台北：東大，1983），頁 73

則的那項準則來行事。[5]

根據 Wolff《哲學概論》一書的介紹，上述這句話有兩個要件：第一是這個道德命令必須是自己訂定的，不受任何外力的干擾或加入其他條件考量；第二是我們願意將這項命令普遍化。根據要件一，假如今天我的道德行為乃是因上帝的命令、父母的期望、同儕的觀感等外力推促所生，都不能稱為道德無上命令，這當中當然包括欲望。換句話說，若我因為喜愛美食而讓自己成為一個美食家，這個命令並沒有自主性，我也是不自由的，因為這不是我的選擇，而是口腹之欲驅使我這麼做。其次，基於理性所生的自我命令也必須要能普遍化，才能成為一條道德法則。例如假如我不想被殺害，我就不可能同意自己可以恣意殺人，並將之普遍化成為準則。原因在於如果我想殺人就可以殺人，並據此成為普遍法則，則他人必然也將如此對我，如此將與「我不想被恣意殺害」產生衝突，因此「我想殺人」便不能成為道德律。

義務論中，一切道德誡命本身只能是目的，不能再有其他更後設的理由存在，因此它是無上的。只要我們找得到理由支持行動的必要性，那個命令就成為一個過程而非目的自身，「愛一個人不需要理由」就是這個概念的最佳註解。為什麼呢？以甲愛乙為例，只要甲找到了一個愛乙的理由，如乙有烏黑亮麗的長髮、乙曾救過他、乙的個性溫柔婉約等，甲都不是真正的在愛乙。因為丙所以沒有被甲喜歡，乃是因為丙沒有烏黑亮麗的頭髮，所以甲是在愛長髮這個條件，乙只是承擔這個條件的載體。一如有人喜歡在電腦前玩電玩，他並非特別喜愛眼前這個螢幕，因此緊盯

5　Robert Paul Wolff，《哲學概論》（台北：學富文化，2013），頁 209。

住螢幕不放，純粹因為螢幕可以顯現電玩的影像介面罷了。

　　從這點來看，除非我們能夠做到無條件地愛一個人，也就是她好我就好，沒有對象、對價性，否則我們都是在愛自己——因為對方符合了我設定的條件，所以我愛她。否則根據無上命令的思路，真正的愛不需要理由，它就是一切行為的理由。你問我為什麼要花兩個小時替女朋友買點心？因為愛她；如果她變心呢？仍然愛她；不嫁給你呢？還是愛她；若她欺騙你的感情金錢呢？究竟無悔地愛她。若她從來不愛你，你還會開心嗎？會的，因為愛她沒有條件。愛她是我自己的選擇，我服從於自己所立的法則，她愛不愛我並不重要。

　　這是愛一個人的最高境界，遺憾的是，由於愛情出自感性而非理性，具有高度的對象性要求，終究無法成為普遍的道德法則，只能是個別的生命情境。也因此除了宗教家對世人、父母對子女，我們很難在世俗男女情愛中看到上述對話的實現。從智者的角度看來，男女之愛其實是一種有限度、自我中心的感情，雖然不是罪惡，但也不是人類情感的最高級狀態。你若問我，難道不是有很多偉大的愛情，男女可以為了對方犧牲生命嗎？是的，確實如此，但那也僅限於「那個人」呀，不是嗎？母親可以以這種自我犧牲方式同等愛她五個小孩，宗教家可以以這樣的情操愛所有的人，但羅蜜歐只能為朱麗葉殉情，若有兩個以上的對象，羅蜜歐又憑什麼說朱麗葉是他的「最愛」？光是這種限制，可證男女之愛到了極致，仍是有限的！

　　道德則不如此，道德可以離開對象與對價考量，成為一種無上命令。由於這條命令是我自己設定的，我也認同它能成為普遍律，並以此命令作為一切行為的理由，自身再無任何理由可以證

成。深一層看，正因為我能夠服從我所寫下的道德命令，才能證明我是自由的，沒有其他條件可以讓我的意志改變。Wolff曾將休謨與康德加以比較，並如此評價：

> 休謨曾經將理性視為情慾的奴隸，隸屬於情慾的指揮。假如我的理性是情慾的奴隸的話，那麼我將喪失作為目的自身的尊嚴。卑屈奉承於情慾比起卑屈於國王或是皇帝更為不光彩。在每個人的內心生活中，如同國家的公共生活，只有服膺於自我制定的法律才能找到榮譽。共和政體中的公民制定法律，他們對於這些法律鞠躬屈膝，這樣的服從並無損於尊嚴，因為當它服膺於法律時，他服從的只是他自己。這樣的服從是一種負責的行動，而非一種受奴役的行為。
>
> 康德認為相同的原理，對個人的心靈也適用。當理性向情慾低頭時，它喪失了對於榮譽和尊嚴的宣稱。但是假如理性本身能夠制定它所服從的法律，假如理性能夠自己寫下綑綁它的無上命令，那麼它將在每一個服從的行動中維護它的自由。跟隨古希臘人的方式而行，為自己制定的法律就是成為自我的立法者（autonomos）。簡言之：即是自律（autonomous）。康德說，理性自律的原理就是另一種對無上命令的描述。
>
> 已經提出三項主要原理：（1）意志的合理性；（2）人作為目的自身的無限價值；（3）理性的自我立法或自律的特質。康德將它們結合在道德行動者的社會概念下，這

些道德行動者都由理性來支配它們的行動，他們都是目的自身，並且他們也全部都是自律的。[6]

通過這樣的建構模式，表面看似獨斷的道德無上命令，反而展現了理性推導的必然，也讓人的道德行為具備更高的反思意義與實踐價值。

〔閱後再思考〕

1. 如果有一個時光機器可以回到過去，你會贊成暗殺剛出生的殺人魔王？假如那樣可以改變二次大戰的殘酷戰爭，締造 20 世紀的和平。

2. 從康德的角度來看，為什麼孟子不需要替他的四端之心再進行進一步的論證？孝順父母是否需要理由呢？許多人認為一切道德都是相對的，因此反對有人用道德律去規範另外一個道德信念不同的人或族群？你認同這個觀點嗎？這樣的觀點在邏輯上可能會有什麼問題？

3. 推薦觀賞影片：麥克‧桑德爾，《正義：一場思辨之旅》。

6　Robert Paul Wolff，《哲學概論》，頁 217。

第六章

道德所以然（二）
先秦倫理學的幾點重要主張

〔**閱讀前思考**〕

1. 什麼是「人性」的內涵？你認為人性本質為何？性本善、性本惡、善惡渾，還是無善無惡論？

2. 你贊成墨子「義者，利也」的觀點嗎？亦即有利的行為即是正義；正義的行為必然產生效益。

3. 功利主義的可能侷限是什麼？你認為有補救的方法嗎？

一、孟荀對於人性善惡的看法

　　中國文化長期以來就是一個以道德實踐為主的思想型態，康德義務論與道德無上命令說對於我們並不陌生與難懂。孟子性善說即是一種義務論的思想，四端之心，人皆有之，發明本心就是我們的義務，也不需要任何理由作為更高的價值依據。不過由於性善說違反一般人的常識，也因此受到許多挑戰，最早即由荀子標舉性惡說反對之，孟荀之辯就此糾葛兩千年，直到今天學界仍有許多的討論。

　　荀子認為人所為善不是天生的，而是透過後天學習而得的。所謂「人之性惡，其善者偽也」，直指孟子性善說乃是對於人性

的錯誤觀察。從常識理解，荀子的觀察似乎合情合理，在這個到處充滿衝突貪婪的世界，實在很難讓人接受孟子的性善主張。但深入分析兩人理論，則我認為孟子的理論實是完整的，可以涵蓋荀子的觀察；荀子的主張反而違反辯論常規並難自圓其說。

　　由於荀子晚出於孟子，理論上荀子應該接受孟子設定的語言邏輯系統進行辯論，荀子的錯誤在哪裡呢？第一，荀子所稱之性其實乃指生物的生理本能。這點孟子並非不知道，也沒有否定，孟子只是將生理之性丟到「命」這個框框，如《孟子‧盡心下》所說：

> 口之於味也，目之於色也，耳之於聲也，鼻之於臭也，四肢之於安佚也；性也，有命焉，君子不謂性也。仁之於父子也，義之於君臣也，禮之於賓主也，知之於賢者也，聖人之於天道也；命也，有性焉，君子不謂命也。

　　孟子認為人有生理本能，有道德天性，一般人稱生理本能為性，但是君子不稱為性，稱為命。人的確常服從於命的壓迫，如為了口腹之欲而偷盜，但這並不代表性的道德本質不存在，就好像說謊並不代表人沒有誠實的道德本能，只是因為實踐力不足而無法顯用。仁義禮智四端之心就是我們的本性，口目耳鼻的生理需求就是命。荀子晚出於孟子，如前所說，在辯論上其實有義務要跟隨孟子設下的概念範疇。

　　從語言邏輯上來說，「性善」可以表述成「性本善」，並認知為一種「全稱命題」。亦即：每個人的性都是本善的。這個沒有問題，怎麼說呢？第一，孟子已經把生理本能丟到「命」這個概念簍子中，僅剩下仁義禮智還留在「性」這個概念簍子，這樣孟

子當然能夠保證「性全然為善」。就好像我先把數學滿分的學生分到 A 班、其餘的分到 B 班。如此我自然有自信對外宣稱：我敢保證，凡是 A 班的學生數學都是滿分的。不是因為 A 班風水好、地氣佳，能把數學不好的人變成滿分。剛好相反，因為某人滿分了，所以才會被編到 A 班。性善說就是這樣證成的。

　　進一步言，全稱命題沒有必要都冠上全稱之詞，例如「A 班的學生『全部』都是好學生」，我也可以簡述為「A 班的學生是好學生」；而「A 班的學生是好學生」這句話也承擔了保證每個人都是好學生的責任。反之特稱命題就不行了，它必然每次都必須被冠上特稱用語以避免混淆。例如「A 班『有部分』學生是好學生」，則這句話每個字都不能省略，尤其「有部分」這個特稱用語，一旦省略，任何人將自動將它理解為全稱命題。

　　如此一來，則孟子的「性善說」自然是指「性全然為善」，而荀子的「性惡說」也必然是說「性全然為惡」，否則就應明白界定為「性部分為惡說」才是。事實顯然不是如此。荀子承認人有大清明心、人有效法聖賢的能力、路上每個都可以成為大禹。試問大清明心、希聖希賢、塗之人可以為禹種種特質是不是一種善？如果是，則即使人性不是全善，但顯然也不會是全惡，因為全惡之性提煉不出絲毫之善，一如我們不可能在純銅之礦提煉出黃金一樣。反之，只要有一絲善的因子存在，則「性全然為惡」這個命題就不能成立。

　　孟子全稱命題的性善說，會不會也遭遇到同樣困難呢？答案是不會。第一，如前所說，孟子主張人有生理之性，但應歸入「命」這個概念範疇，屈服於命者當然會以命抑性，致使全善之性無法發用而令人為惡。如此一來，孟子的性善論遠比荀子性惡

論更加合理與周全，因為性善論講的是「性本然為善」。既是本然為善，自然不保證結果也是善。事實上不但不保證，孟子反而諄諄告誡因為外在現實環境與人性內蘊生理之命影響，只要缺乏養心養氣的修養功夫，性本來為善之人，很容易淪為行為結果為惡之徒。這就是孟子有名的「牛山濯濯」之喻：牛山的草木原本茂密豐美，但是因為不斷砍伐、茂密的山林終有光禿枯竭的一天。

「性本然全部為善說」顯然是個較圓滿的主張，它能解釋這個世界所以有聖賢也有罪惡的現象，好像我宣稱河流的上游本是清淨的，我當然不能保證中下游也是清淨的。但唯有上流清淨下游污染，才能解釋為什麼河水有時候可以喝，有時候不能喝。

相形之下，如果荀子堅持宣稱性惡，亦即性本然全部為惡，那麼固然解釋了世間有惡的現象，但是聖賢又是如何產生的呢？如果這條河流的水自始全部就是染污的，中下游的人永遠只有染污的水可以喝，乾淨的水是不可能出現的。

從這裡我們已經看到荀子〈性惡〉篇定名與邏輯的錯誤了：第一，性不是全部為惡，全部為惡則第一善無從發生，因為第一個骨牌根本不存在，後面的骨牌永遠不會倒。即使荀子將原因歸給聖人的教導，但人世第一個聖人怎麼來的？我們又為何願意聽從聖人的教導，這個「願意」不就是一種善嗎？也就是孟子講的「智心」。第二，性不是本然為惡，根據《荀子・性惡篇》的說法：

> 人之性惡，其善者偽也。今人之性，生而有好利焉，順是，故爭奪生而辭讓亡焉；生而有疾惡焉，順是，故殘賊生而忠信亡焉；生而有耳目之欲，有好聲色焉，順

是，故淫亂生而禮義文理亡焉。然則從人之性，順人之情，必出於爭奪，合於犯分亂理，而歸於暴。故必將有師法之化，禮義之道，然後出於辭讓，合於文理，而歸於治。用此觀之，然則人之性惡明矣，其善者偽也。

仔細閱讀《荀子》原文，其實他說人生而喜歡利益、喜歡享受，這些價值都是中性的，它固然不算高尚，但也不是一種惡。如同我喜歡喝汽水是沒有善惡可言的，只是一種生理的中性的表現。重點在於後面所說，一旦「順是，故爭奪生而辭讓亡焉」，這時才轉為應然判斷上的惡。精確的說，荀子的性惡論定名是錯的，性惡論乃指「性本來為惡」（這是語言邏輯的當然解釋），但荀子的真實意思是「性結果為惡」，就好像葡萄固然具有變成酒的本質（若無，則葡萄無論如何放置，永遠不能變成酒，好像石頭放久了仍然釀不出酒一樣），但葡萄在沒有釀成酒之前終究不能稱為酒。同樣的，生而有好利之心在沒有通過「順是」終至「爭奪生而辭讓亡」之前，終究不能稱為惡，道理正在於此。

以上的論證不一定能說服大家接受孟子的性善說，因為即使證明荀子的批判有問題，也不代表性善說是正確的。但至少性善說可以解釋這個世界為何有善有惡，性惡說則不能說明善惡並存的現象，在合理性上，孟子的學理性更為周全圓滿。遺憾的是性善說並沒有為孟子加分，至少在宋代以前孟子是受冷落的，今天所存的《孟子》注本漢代只有趙岐的注流傳，遠比《論語》、《老子》為少；唐代自認為紹述孟子學說的韓愈，對於這位祖師爺的思想其實也不甚瞭解，韓愈在〈原性〉篇反而主張性三品說。乃至在今天，性善說更被許多人抨擊為一種妄想，孟子之不得知音，由此可知。儘管如此，由性善為根本，孟子提出的仁義內在

說與四端主張，因此成為中國道德無上命令的最早宣言，這是孟子思想最偉大的貢獻之一。

二、墨家功利思想內涵分析

墨家功利思想的具體內涵為何？在抽象原則的建構與實務運用上又提出哪些主張？試歸納分析如下：[1]

（一）功利追求之正當性源於天志

天志乃是墨者生命實踐的精神支柱，也是墨家學說證成的根本基礎。墨子認為，人之所以必須成為一道德之人，並非由於內在道德意志自我要求使然，而係天志意欲所致，每個人都當效法於天，以天志為行為準據，如〈法儀〉篇云：

> 既以天為法，動作有為必度於天，天之所欲則為之，天所不欲則止。然而天何欲何惡者也？天必欲人之相愛相利，而不欲人之相惡相賊也。[2]

天志欲人相愛利，不欲人相惡賊，「愛利他人」的正當性由此建立，群體利益的追求也因此具有正當性。由於天有賞善罰惡的大能，進一步能夠保證「行為」與「結果」間的因果必然性，〈法儀〉篇又云：

---

1 以下摘錄自陳弘學，〈效益作為行動之準據——關於墨家功利主義的重釋〉，《清華學報》，2015 年 6 月，頁 201-234。
2 張純一，〈法儀〉，《墨子集解》（台北：文史哲，1993），頁 33。

故曰愛人利人者，天必福之；惡人賊人者，天必禍之。
曰殺不辜者，得不祥焉。夫奚說人為其相殺而天與禍
乎！是以知天欲人相愛相利，而不欲人相惡相賊也。[3]

愛利他人者，天必福之；惡賊他人者，天必禍之，「必」字確立了人的行為準據，也將義、利黏合一處。換句話說由於天志的保證，我們在利益他人的同時，自己的利益也將獲得實現，從而創造群體的最大利益，〈經上〉「義，利也」的思考理路正是由此展開。

（二）人人本具利益判斷的能力

利益的追求既是正當可欲的，緊接而來的問題是：我們是否具備判斷利益的能力？墨家對此顯然抱持肯定的態度。如前所說，天既欲人行愛利他人之事，違反天志者必然得罰，然而天志又不可能故意陷民於罪，一個必然的結論是：人人皆具「利益判斷」的能力，否則將與「天志愛人」的命題矛盾。這個「人」必須是普遍之人，非天才特出之聖人，如此「愛利」這件事才有普遍實踐的可能，「違天之意，得天之罰」也才具備正當性。

此外，我們判斷利益的方式又係為何？墨家主張源於直觀的判斷本能，如〈經上〉稱「利，所得而喜也。」[4]〈經說上〉釋云「利，得是而喜，則是利也。其害也，非是也。」[5] 王讚源先生《墨經正讀》譯為，「利就是得到以後感覺喜悅的東西（或

3　張純一，〈法儀〉，《墨子集解》，頁 34。

4　張純一，〈經上〉，《墨子集解》，頁 385。

5　張純一，〈經說上〉，《墨子集解》，頁 385。

事情）。得到它感覺喜悅，就是利。那害，就不是這樣了」。6 由
「得是而喜」可知這種能力毋須學習，乃人人先天本具，直覺發
用的結果。

　　墨家並不認為我們內在具有道德本善之性，7 但卻擁有判斷利
與不利的能力，這個思路與荀子甚為接近。荀子否定人之生也性
善，但在「大清明心」運作下，我們將會願意向聖人學習，終使
塗之人皆可以為禹。不同的是，荀子的「大清明心」乃是一種理
性判斷能力，《墨經》則未說明這種「得之而喜」之「知」係屬
「判斷理性」或「本能直覺」。楊俊光先生認為此語訴諸感覺，
與倫理學中所謂的「快樂論」頗有近似之處，8 似乎歸屬於「本能
直覺」範疇。

　　《墨經》這段話另一個重要價值在於，為「利」下了一個概
括性的實體界定，透過「得是而喜，反是為害」作為判斷機制，
我們便能賦予行為一個利益參數，使計算具體化，如此功利原則
才能順利運用於生活。我們必須判斷甲、乙兩種行為何者有利或
利益孰大，以便決定採取何種行動。唯須注意者，與孟子道性
善，人卻可能因為牛山濯濯而趨不善一樣，人們固然具備直觀判
斷利害的能力，但是受到外在條件影響，諸如身分關係、教育程
度、思考深廣度等，仍有可能出現不同的效益認知。

　　墨家深刻理解到這一點，故《經上》論「孝」條云：「孝，

6　王讚源，《墨經正讀》（上海：上海科學技術文獻出版社，2011），頁24。

7　《墨子‧所染》云：「子墨子言見染絲者而歎，曰：『染於蒼則蒼，染於黃
　則黃，所入者變，其色亦變，五入必，而已則為五色矣！故染不可不慎
　也！』」張純一，《墨子集解》，頁20。墨子似持中性之人性論，故有近朱
　者赤，近墨者黑之歎。

8　楊俊光，《墨經研究》（南京：南京大學出版社，2002），頁214。

利親也。」《經說上》分解道：「孝，以親為芬，而能能利親，不必得。」[9] 意為「我們必須以有利父母為本分，如此才能利於他們，但不一定能夠得到父母的歡心」。顯然子女認知的「利」與父母不同，也因此「人人本具判斷能力」不必然成為普遍的「行動認知」，如何落實墨家功利原則，還須佐以天志、尚同等配套措施，價值上以天志為依歸，行為上以尚同為準則，才能達成最大且一致的功利考量。

（三）自我犧牲能力之肯定

儘管「功利」一詞給人自私自利、唯利是圖的印象，但如同前一章所說，功利主義者往往是一個偉大的利他主義者，他們相信當私利與公利衝突時，人們將會願意自我犧牲以成就眾人大利，如〈經上〉所說：「任：士損己而益所為也。」又〈經說上〉云：「任：為身之所惡，以成人之所急。」[10]

「任」即擔當、承擔之意，乃是一種願意犧牲自己、愛利他人的品德。墨家眼中的聖王都是能夠放棄個人享受，勤苦以利天下之人，[11] 摩頂放踵的墨徒更是這個理念的實踐者。論者可能質疑〈經上〉與〈經說上〉所言「任」主要針對「士」階層而言，大禹與墨徒的行徑也不能代表普遍之人，如何確定人人都有相同的能力？

---

9 張純一，〈經說上〉，《墨子集解》，頁 375。

10 張純一，〈經說上〉，《墨子集解》，頁 381。

11 如〈兼愛下〉云：「禹之征有苗也，非以求以重富貴、干福祿、樂耳目也，以求興天下之利，除天下之害。即此禹兼也。雖子墨子之所謂兼者，於禹求焉。」張純一，〈經說上〉，《墨子集解》，頁 162。

關於這點,《墨經》雖然沒有證明「任」德的合理性與普遍性根源,但從墨家相信「兼相愛,交相利可以推行於天下」此一信念觀之,則墨家自然也肯定「任」德的普遍性。這個能力雖然暫不顯明,只要通過君王的推行,就能為世人所凜遵,如〈兼愛中〉所說:

> 乃若夫少食惡衣,殺身而為名,此天下百姓之所皆難也,若苟君說之,則眾能為之。況兼相愛、交相利,與此異矣。夫愛人者,人亦從而愛之;利人者,人亦從而利之;惡人者,人亦從而惡之;害人者,人亦從而害之。此何難之有焉,特士不以為政而士不以為行故也。[12]

值得注意的是墨家所以願意犧牲自己以利天下,並非「自我犧牲」這個行為具備何種神聖的宗教意義,它同樣是根據功利原則所導出的結論。由於追求私利將導致「子自愛不愛父,故虧父而自利;弟自愛不愛兄,故虧兄而自利;臣自愛不愛君,故虧君而自利」[13] 的結果,為避免社會動亂,個人幸福無法安立,因此我們應當兼愛。

上述這種思考或將減損「自我犧牲」行為的神聖性,[14] 但是「自我犧牲」終屬難能可貴之舉,墨子躬自實踐的結果,乃為自己贏得世人高度的尊崇。墨子在世時門人多以聖人稱之,這是當

12　張純一,〈兼愛上〉,《墨子集解》,頁 145。

13　張純一,〈兼愛上〉,《墨子集解》,頁 136。

14　儘管孟子承認「墨子兼愛,摩頂放踵利天下,為之」,但是對於墨家學說仍然給予嚴厲批評,原因在於墨家此種效益導向主張缺乏核心價值,運用上看似合理有效,但卻不能提升人類內在道德自覺,實是「舉一而廢百」(〈盡心上〉)的賊道之行。

時各家少見的情形，墨者甚至發出「天下無人，子墨子之言也，猶在」的豪語，[15] 可見墨子的感召力。

（四）弱效動機之肯定

一般倫理學說評價行為正確與否時，多不考慮行為結果，而是根據行為者之動機進行探討。西方功利主義相反，它將動機與結果分離，要求我們必須排除動機考量，才能不受情感左右而有正確判斷。墨家功利思想很不同於西方功利主義之處在於，儘管墨子強調「義利合一」，以效益作為行動指標，相當程度弱化了「動機」的價值，但卻非絕對排斥「動機」作為行動參數。當結果導出不利時，儘管動機為善，仍屬不義之舉；而當結果僅是不見積極利益時，此時動機為善之舉仍須予以肯定，筆者稱此為「弱效動機之肯定」。

所謂「動機為善而結果不利者」者，舉例言之，如墨家肯定常人厚葬父母確實出於愛敬之心，動機為善，但從結果來看，厚葬不但於父母無益，反而極大程度耗費社會資源，故〈大取〉篇云：「以臧（厚葬）為其親也而愛之，非愛其親也；以臧（厚葬）為其親也而利之，非利其親也」，[16] 厚葬的作法將使「國家必貧，人民必寡，刑政必亂」，[17] 這是一個結果不利的行為，也就等同不義之舉。反之，採行節葬將使「死者既以葬矣，生者必無久

---

15 此語各家解釋頗有殊異，以王讚源說最合本段論旨，譯為「天下即使沒有人存在，但我們老師墨先生的言論，是永遠不會磨滅的啊！」參閱《墨經正讀》，頁 178。

16 張純一，〈大取〉，《墨子集解》，頁 503。

17 張純一，〈節葬下〉，《墨子集解》，頁 227。

喪，而疾從事人為其所能，以交相利也」，[18] 如此才是社會最大的幸福。相同的思路，世俗之人以為學習音樂對子女有益，事實上並無任何好處，「以樂為利其子，而為其子欲之，愛其子也；以樂為利其子，而為其子求之，非利其子也」。[19]

所謂「弱效動機之肯定」者，若動機為善，僅結果未見積極利益時，墨家反而秉持高度理想主義精神而予以肯定，〈耕柱〉篇這段記載可為明證：

> 巫馬子謂子墨子曰：「子兼愛天下，未云利也；我不愛天下，未云賊也。功皆未至，子何獨自是而非我哉？」子墨子曰：「今有燎者於此，一人奉水將灌之，一人摻火將益之，功皆未至，子何貴於二人？」巫馬子曰：「我是彼奉水者之意，而非夫摻火者之意。」子墨子曰：「吾亦是吾意，而非子之意也。」[20]

巫馬子告訴墨子：你兼愛天下，天下並未見到什麼具體的利益；我不兼愛天下，對於天下也沒什麼傷害，彼此其實都沒什麼效果，為什麼你總是肯定自己而批評我呢？墨子反問巫馬子：現在假若有人在此放火，一人捧水嘗試澆熄，一人拿火加大它，雖然還沒有見到效果，但是你認為誰的行為比較可取？巫馬子回答：我當肯定那個取水滅火者的動機，否定加大火勢者的動機（我是彼奉水者之意，而非夫摻火者之意）。墨子答道：同樣的，這就是為何我肯定我而否定你的原因。

18　張純一，〈節葬下〉，《墨子集解》，頁 228。
19　張純一，〈大取〉，《墨子集解》，頁 503。
20　張純一，〈耕柱〉，《墨子集解》，頁 556。

　　巫馬子回答帶有陷阱，他回應墨子時故意強調「我是彼奉水者之意，而非夫摻火者之意」，「意」即是動機，非可見之利益。巫馬子僅願意肯定「動機」而仍堅持「兼愛天下無功」的立場，乃取墨家「義利合一說」，試圖以子之矛、攻子之盾，將墨子導入理論困境。

　　墨子對此未多做反駁，而是順著巫馬子的話語回答，「吾亦是吾意，而非子之意也」，承認自己提倡兼愛、非攻的確還沒有見到效果，但肯定利他的「動機」，可見墨子對於「動機為善，僅結果不見積極利益」行為的肯定。又〈親士〉篇云：「君子進不敗其志，內究其情」，張純一先生注云「墨家枯槁不舍，不必仕進，始行其志。此言君子愛利天下，有進無退。雖事或不濟，而志且益堅。」[21] 這種未見成效卻不畏譏毀，但求發心而不計成敗的舉動，正與儒家知其不可而為之、雖千萬人吾往矣之道德理想主義性格暗合。「弱效動機之肯定」乃墨家功利思想一大特色，也是迥異西方功利主義的地方。[22]

（五）「權」之計算行為與道德歸屬脫鉤

　　為確保功利計算的客觀性，墨家將評價行為與道德歸屬分離，評價行為名之為「權」，此行為本身與道德無關。〈大取〉篇云「於所體之中，而權輕重之謂權。權非為是也，非非為非

21　張純一，〈耕柱〉，《墨子集解》，頁 83。
22　又〈經說上〉云：「義，志以天下為芬而能能利之，不必用。」王讚源先生譯為「有志以天下為己任，而後才能利益天下人，但不必等執政了始從事於義。」隱隱然也表現了墨家「弱效動機之肯定」的功利思想特色。王讚源，《墨經正讀》，頁 9。

也。權，正也」。[23] 這段文字不易疏通，孫詒讓以為「非」當做「亦」，原文應作「亦非為非也」，即在所體認事情中衡量輕重稱為「權」，「權」本身不是在求「是」（若權是為了求是，則權就是道德上的善），也不是在求「非」（若權是為了求非，則權就是道德上的惡），權之屬性無關是非，單純只是評量利害大小，將是非利害關係處理得正確妥當的一種中性計算活動。

但假如「權」只是中性的計算行為，又是什麼行為將「義」與「利」連結一處？如〈經上〉稱：「義，利也。」「權」既只能評價利益大小，無關乎道德取捨，何以利即等同於義、義亦必然生利？又如果評價行為與道德歸屬脫鉤，「權」與義、天志三者又該如何協調？

為解決上述問題，〈大取〉篇提出「求」的概念作為轉接機制，如其言：「於事為之中，而權輕重之謂求。求為之，非也。害之中取小，求為義，非為義也。」王讚源先生《墨經正讀》以為此段原文應作「於事為之中，而權輕重之謂求。求，非為是也。害之中取小，非取害也；求為義，非為義也」，意為「在所做的事情中，權衡輕重叫做求。求是分別是非的。在危害中選取小的，不是選取害。行事以達個人利益為目的，不是為義。」[24]

申言之，第一次評價個別事物行為之利益大小的活動稱為「權」，而根據「權」之結果，再一次後設進行評價稱為「求」。此時的「求」就具備了道德意義，它是一種「我們意欲找出正確行動」的行動。「求」的正當性與必要性來自天志，因為天志欲

23　張純一，〈大取〉，《墨子集解》，頁 503。
24　參閱王讚源，《墨經正讀》，頁 169。

義欲利。而「求」後所得的最佳結果即為義，天志在此產生行動準據的指導地位，義、利也順轉為同一概念的兩面表述。

（六）最大效益選取原則

　　無論是西方功利主義或墨家功利思想，彼此都宣稱功利原則追求的非僅個人小利，而係社會整體最大利益，此即著名的「最大幸福原則」。邊沁（Jeremy Benthan）《道德與立法原理導論》一書道：「功利原理是指這樣的原理：它按照看來勢必增大或減小利益有關之幸福的傾向，亦即促進或妨礙此種幸福的傾向，來贊成或非難任何一種行動。」[25]

　　墨家倡兼愛之說，「兼」即「整全」之意，[26] 類推可知「兼利」即是整全之利，也就是最大多數人的最大利益，故墨子屢屢呼籲「仁人之事者，必務求興天下之利，除天下之害」，[27] 要求執政者締造一個能令百姓安居樂業、豐衣足食的社會：

> 故兼者聖王之道也，王公大人之所以安也，萬民衣食之
> 所以足也。故君子莫若審兼而務行之，為人君必惠，為
> 人臣必忠，為人父必慈，為人子必孝，為人兄必友，為
> 人弟必悌。故君子莫若欲為惠君、忠臣、慈父、孝子、
> 友兄、悌弟，當若兼之不可不行也，此聖王之道而萬民

25　邊沁，時殷弘譯，《道德與立法原理導論》，頁 59。
26　王冬珍綜合《墨子》全書，歸納兼愛之義有四：一、全體周遍的愛。二、無條件的愛。三、含利的愛。四、平等無差別的愛。參閱見氏著，《墨子思想》（台北：正中，1987），頁 9-13。
27　張純一，〈兼愛下〉，《墨子集解》，頁 152。

之大利也。[28]

墨家追求天下大利，期待建設「惠君、忠臣、慈父、孝子、友兄、悌弟」社會的心願與儒家幾乎沒有兩樣，可見儒、墨兩家於相反主張中，卻有相同的價值依歸，毋怪有人懷疑〈禮運大同篇〉實為墨家思想。

（七）「害中取小」同屬有利行為

墨家追求之「最大利益」並非一個絕對定量的概念，而是通過比較後所得的結果，梁啟超先生《墨子學案》曾歸納出兩條界說：[29]

> 界說一：「凡事利餘於害者謂之利，害餘於利者謂之不利。」
>
> 界說二：「凡事利於最大多數者謂之利，利於少數者謂之不利。」

然而這兩條界說只能處理「利與害的比較」、「利與利的比較」，無法處理「害與害的比較」狀況，筆者在此添加第三條界說：

> 界說三：「凡於『無擇』（沒有選擇權）情形下，害相對少者謂之利。」

〈大取〉篇曾設計一道情境題：遇到強盜，假如唯有通過砍

28　張純一，〈兼愛下〉，《墨子集解》，頁 169。
29　梁啟超，《墨子學案》（台北：臺灣中華，1957），頁 19。

斷自己手指才能逃脫，這時「斷指以免身」究竟是利還是害呢？

> 斷指以存腕，利之中取大，害之中取小也。害之中取小
> 也，非取害也，取利也。其所取者，人之所執也。遇盜
> 人，而斷指以免身，利也；其遇盜人，害也。[30]

　　墨家認為遇到盜賊這個狀況本身是有害的，但在這個有害情境中，砍斷手指保存手腕顯然是付出代價相對為小的選擇，在不得已必要選擇狀況下，行為人當於害中取小，我們仍然要將這個行為評價為有利選擇。

　　第三條界說的重要性，在於它將功利原則的適用範圍大幅擴延，如此一來，在消極不利情境中，仍然可以運用功利原則作為行動準據。舉例而言，論者可能質疑：墨家既然標榜兼愛、非攻主張，為何還會有〈號令〉、〈雜守〉等作品？在這些篇章中墨家訂立斬首、車裂各種嚴厲刑罰，[31] 假如兼愛是一種絕對不能傷害他人生命的定量行為，則教人戰鬥，設立墨家之法便屬不義之舉，恐將造成學說內在的衝突。

　　如今通過界說三「不利情境適用原則」，墨家可以回答：由於他人的侵略屬於無法避免之不利情境，兩相權衡後，「教導人民作戰、處罰抗命之人」仍屬相對最佳選擇，功利原則仍得適用。

30　張純一，〈大取〉，《墨子集解》，頁 504。

31　為因應戰國複雜劇烈的戰爭型態，後期墨家（可能是居於秦國之墨家）乃訂出一套嚴厲殘酷的軍法。如其要求通行之時必須持有通行證（明填），若有強行通過或擅自放行的吏卒，都要處以斬刑。又女子至大軍之時，男子行左，女子行右，不可並行，不從令者斬。姦民謀為外心等屬於叛國行為，則將處以車裂酷刑，參閱《墨子》〈備城門〉、〈號令〉諸篇。

（八）錯誤計算之避免

　　論者又質疑：假如功利原則真是如此直觀、合理且有利，何以兼愛、非攻諸多理論如此難以實現？對此，墨子在〈非攻〉中設計了一場稻草人論戰，他以戰爭為例代他人設問：假如發動戰爭明顯屬於不義不利的行為，為何諸侯間仍彼此爭戰不休？難道那些發動戰爭者都不夠聰明？又或者不喜歡利益以致於堅持這項錯誤的行為？墨子的回答是：發動戰爭者並非不認同功利主張，也不是功利原則出現問題，而是他們犯了「錯誤計算利益總量」以及「誤以特例為常模」兩大錯誤。

　　首先就「錯誤計算利益總量」而言，墨家認為發動戰爭掠奪他人資源，乃是捨大利而取小利的行為。國家表面似乎因為戰爭而獲利，但社會整體幸福的總量卻是不增反減，〈非攻中〉曾有具體分析：

> 計其所自勝，無所可用也。計其所得，反不如所喪者之多。今攻三里之城，七里之郭，攻此不用銳，且無殺而徒得此然也。殺人多必數於萬，寡必數於千，然後三里之城、七里之郭，且可得也。今萬乘之國，虛數於千，不勝而入；廣衍數於萬，不勝而辟。然則土地者，所有餘也，王民者，所不足也。今盡王民之死，嚴下上之患，以爭虛城，則是棄所不足，而重所有餘也。為政若此，非國之務者也。[32]

　　墨子認為國家有餘的是土地，缺乏的是人民，犧牲不足的人

32　張純一，〈非攻中〉，《墨子集解》，頁 178。

民以掠奪有餘土地，本質上就不屬於有利行為。

其次，主張戰爭可以得利者還犯了「以特例取代常模」的分析謬誤，〈非攻中〉又云：

飾攻戰者言曰：「南則荊、吳之王，北則齊、晉之君，始封於天下之時，其土地之方，未至有數百里也；人徒之眾，未至有數十萬人也。以攻戰之故，土地之博至有數千里也，人徒之眾至有數百萬人。故當攻戰而不可為也。」

子墨子言曰：「雖四五國則得利焉，猶謂之非行道也。譬若醫之藥人之有病者然。今有醫於此，和合其祝藥之于天下之有病者而藥之，萬人食此，若醫四五人得利焉，猶謂之非行藥也。故孝子不以食其親，忠臣不以食其君。古者封國於天下，尚者以耳之所聞，近者以目之所見，以攻戰亡者，不可勝數。……古者王公大人，情欲得而惡失，欲安而惡危，故當攻戰而不可不非。」[33]

在墨子看來，持戰爭有利論者，乃是將觀察模型限定於齊、晉、吳、楚等少數因為征戰攻伐而獲地千里、致民百萬的國家。但即使戰爭為他們帶來利益，墨子提醒我們天下國家如此之多，這些大國反而才是少數，正如醫生用藥，開藥給一萬人服用，假如僅有四、五人痊癒，豈能認為醫生用藥高明有效？世俗之人僅看到因戰爭而獲利的特例，卻沒有見到更多因戰爭而失利的情形，才會誤以為戰爭有利於國家。

33　張純一，〈非攻中〉，《墨子集解》，頁179。

三、墨家功利思想對於「多數暴力」的預防[34]

　　功利主義者最常面臨的難題是：假如多數人的利益必須犧牲少數人才能完成，此時我們仍應堅持功利原則嗎？如 A. Kaufman《法律哲學》一書引述：「『如果最大多數人的最大幸福只有透過消滅人命的措施才能達到，世界由所有令人厭惡的、苦難的人得到解放：犯罪人、異常之人、患絕症者、無工作能力人以及甚至憎恨之人或悶悶不樂之人，到底要如何呢？』」[35]

　　令人感到訝異的，墨家似乎意識到這個危機，他們通過「選擇權」概念的建立，在其理論中設下一道防火牆機制以避免多數暴力危機，〈大取〉篇有三條極為重要的論述，筆者自行安立標題如下：

1.（自我犧牲承擔原則）
斷指與斷腕，利於天下相若，無擇也。死生利若，一無擇也。

2.（他人犧牲禁止原則）
殺一人以存天下，非殺一人以利天下也。殺己以存天下，是殺己以利天下。

3.（他人犧牲開許原則）
利之中取大，非不得已也；害之中取小，不得已也。所未有而取焉，是利之中取大也；於所既有而棄焉，是害

34　以下摘錄自陳弘學，〈效益作為行動之準據──關於墨家功利主義的重釋〉，《清華學報》，頁 227-229。
35　亞圖・考夫曼（A. Kaufman），劉幸義等譯，《法律哲學》（台北：五南，2000），頁 175-176。

之中取小也。

第一條揭示「自我犧牲承擔原則」，如在砍斷手指或砍斷手腕對於天下的利益都相似時，我們無從選擇（無擇），斷指亦可，斷腕亦可，只要能夠成就天下利益就應該去做，顯示墨家「損己而益所為」的「任」德。[36]

第二條「他人犧牲禁止原則」為第一條之排除條款，前述「無擇」的標準僅能限定於自身之內，不能用以要求他人，否則就會形成多數暴力。如國會通過種族屠殺政策以求政治軍事利益，此乃墨家功利原則所不許。《墨經》認為殺一人以保全天下，並不屬於殺一人以有利天下的情形（殺一人以存天下，非殺一人以利天下也），原因在於天下之中已經有一個人被殺害了，[37]唯有殺己以保全天下，才能算是有利天下。

第三條「他人犧牲開許原則」又為第二條之排除條款，功利思想固然遵循「利中取大，害中取小」原則進行，但〈大取〉篇特別聲明「所未有而取焉，是利之中取大也；於所既有而棄焉，是害之中取小也」。[38]即在沒有「害」的情境中選取利，我們固當選取利益之大者；但在已經產生「害」的情境中，假如不得已一定要拋棄利，我們即須選擇損害相對小的害。換言之「利之中取大」並非屬於「不得已」的情形，此時適用「他人犧牲禁止原則」。但假如被迫面臨「害之中取小」之二擇一情境，則得免除第二條之適用，「犧牲他人」的選擇是被允許的。為了具體解釋

36　參閱王讚源，《墨經正讀》，頁 168。

37　王讚源，《墨經正讀》，頁 168。

38　王讚源，《墨經正讀》，頁 171。

這些原則的運用方式，我們設定下列幾種情境說明：

情境 A：某輛火車失事，只要有人願意跳上車頭操控就能挽救全車人之生命，但代價可能要犧牲一條手臂乃至自己的性命。根據第一條「自我犧牲承擔原則」，當「斷指與斷腕，利於天下相若」時墨者是沒有選擇的，無論結果如何，死生利若，一無擇也，我們應當犧牲自己以解救全車之人。

情境 B：只要有人跳上車頭，危機就能解除，那麼我是否可以指派別人上去（假設我是有權者）？又或者通過集體表決，讓那些被認為是社會相對無用之人上去（我可能是大老闆，自我犧牲的結果將會造成一千名員工失業）？事實上這是很可能的狀況，也是功利原則最讓人感到不安的地方。

然而根據第二條「他人犧牲禁止原則」答案是否定的，自我犧牲屬於利天下之舉，但要求他人犧牲以成就自己乃至天下利益，則不能算是利天下，蓋「殺一人以存天下，非殺一人以利天下也」，天下之中已經有一個人被犧牲了。墨家將「自願犧牲」概念限定於己身，解除利益比較後可能產生的多數暴力危機。

情境 C：第三種情境更加複雜。儘管我願意自我犧牲，但假如我是殘障人士，根本不可能爬上車頭（自我犧牲是不可能的），此時唯有甲、乙二人有能力挽救火車失事。在此情形下功利原則仍然可以重新介入，要求他人犧牲嗎？

根據原則三「他人犧牲開許原則」，答案是肯定的。第三條「害之中取小，不得已也」為第二條之排除條款，在「利中取大」情境中，要求他人犧牲雖是禁止，但在「害中取小」不得已狀況下功利原則得以再次適用。我們應當全盤考量甲、乙各種條件，例如甲單身一人，且應變能力強；乙有家庭需要撫養，應

變能力相對不佳，在必然得犧牲一人解救全車人的情況下（無擇），我們便能要求甲接下這個任務（因為甲若不承擔這個犧牲，最後結果仍將遭遇車毀人亡的下場）。這就是原則三「害之中取小，不得已也」開許的意義。墨家認為這不是多數暴力，因為此一情境是被逼迫與限定的，屬於「於所既有而棄焉，是害之中取小也」的狀態。

　　原則三非常重要，它是墨家推行非攻、訂立刑罰的正當性基礎。如同前述分析墨家功利思想內涵第七點所提及的，墨家之法極其嚴厲，為了強化戰力以達防禦守城的目地，墨家對於違反命令者往往處以斬首、車裂等酷刑。如果沒有這一條規定，則城民可以宣稱：守城是墨者自己的意願，他們能夠自我犧牲很好，但無權要求我一同抵抗，乃至加諸刑罰在我身上。根據原則三墨家便能主張：侵略乃是必然發生的不利狀態，我們被動面臨這個局勢，因此有權要求百姓接受軍事管制，即使有人因此受到刑罰處置，也屬不得已的選擇。

　　但是在「利中取大」之積極獲利情形下，便不能有第三條的適用。我們不能以犧牲少數人的方式成就多數人利益，如主動發動戰爭等。又若國家計畫撥出十億元預算興建道路以增加交通的便利性。方案 A 必須犧牲十萬人的居住權，方案 B 必須犧牲一萬人的居住權，則我們應該選擇哪個方案呢？答案似乎應該選擇 B。但墨家的正解是兩者都不該選，這個「二選一」的選擇本身就是被禁止的。興建道路乃是積極增加利益，沒有急迫性與絕對必要性。此「二擇一」的困境是無理且自找的，國家應當思考其他方案，或者等到面臨「如不興建必然導致積極不利情事」發生時，才能重新適用「他人犧牲開許原則」，防止有權者假借道德

與正義之名實施多數暴力之舉。

四、我的護生倫理觀

倫理學討論行動意義以及我們應該如何實踐的問題，也因此本章最後我想表達一點我個人的生命倫理觀。21 世紀的人類不應該再只是關心於人類自身，而應該發展一種宇宙倫理，將德行由人推展至萬物。以下是我寫的一篇〈書琴簡札：愛物與放生〉，討論撲殺生命的對錯得失問題。

〈書琴簡札：愛物與放生〉

轉眼間小書琴已經長成為亭亭玉立的少女，看著她靈動的雙眸以及秀氣臉龐，我像天下所有父親一樣感到無比驕傲。琴兒是個喜歡書籍的小孩，從她能夠搖搖走路起，便常溜進書房依偎在我身旁，縷縷沉香中，父女倆一同享受讀書的慵懶。隨著閱讀能力增長，她的童書也就毫不客氣佔據我那原本不大的書房。我們時常沉浸在這種簡單而又珍貴的幸福中，但最讓我驕傲的，則是她遺傳了母親的善良，那是人類最珍貴的美德，一種將心比心的慈悲能量。

由於我以講授中國哲學為職業，兩人早已習慣超齡的溝通模式。她會提出一些看似簡單，但卻充滿辯證潛力的問題。我也運用課堂解析問答技巧，讓她明白許多原本這個年齡不會明白的道理。我很高興她不像其她女孩一樣熱衷流行事物的追逐，而是努力成為一個小大人，理解我所認知的哲學世界。只是對於一個十五歲小女生而言，許多問題無疑太過困難。琴兒是菩薩送來的

小孩，這些書信則是我能夠送她最好的禮物，也是此世父女情緣最美的紀錄。

琴兒：

　　昨天妳參加戶外教學回來，興高采烈分享這次課程的收穫。看來那是非常充實的一天，唯一遺憾則來自於那隻蜘蛛的死亡。可以想像一群女生因它驚慌尖叫的模樣，而男孩子為了保護妳們，爭先恐後將它圍捕剿除，似乎也就無可避免了。這一切看似如此理所當然，以致當妳為它求情時，並未得到太多同學的支持。妳認為每個動物都有生存的權利，我們無權剝奪。可惜美麗並沒有為它贏得同情，反而加速死亡的到來。妳的心中充滿挫折感，儘管正處青春絢爛的花樣年華，妳卻開始感受到不同生命間，一種本質而又不可解的對立與衝突。

　　這讓我想起了當兵時的一件往事，某一天下午，我和其他人被分配到刷油漆的工作。這個任務不如想像中簡單，我們必須保持手的穩定，以便劃出整齊的格線。突然間我聽見有人大喊「蜈蚣」，隨即見到同伴伸手找尋松香水！那是一隻極小的蜈蚣，身子不過髮夾細，長度則還不到一節指頭長。就在我錯愕的幾秒鐘裡，松香水已將它全身濕透，雖然聽不到呻吟，但是從它掙扎翻滾的模樣，顯然它正在經歷極度的痛苦。我的內心歉疚不已，如果能夠反應快一點，也許就能阻止這一幕發生！我用清水淋在它身上，眼見它扭曲顫慄，我也只能默默念佛，祈求佛菩薩的加持。

　　同袍似乎對於這個舉動非常訝異，他不明白為何我要大費周章拯救這隻有毒的害蟲。儘管那時大家都知道我吃素學佛，對於「供養、數珠」等行為也見怪不怪，甚至給予極大的尊重。然而

在自保的慣性下，他們多半一邊說著抱歉，一邊小心翼翼將捕蚊燈插上。我繼續上漆的動作，內心則是陷入了深深的思考，究竟我該如何告訴別人：我們不應該任意傷害其他生命——即使它是我們定義中的害蟲。

「生態平衡」似乎是最能讓人普遍接受的答案。我們有義務維繫生態環境的平衡，唯有如此才能享有永續、優質的環境。在牽一髮而動全身的食物鏈中，一個物種的毀滅，往往就會導致整個生態的失控。人類不能單憑一己利害定義「益蟲」、「害蟲」，那不僅自大，而且危險。由於生態教育的普及，這個說法幾乎已經成為一種常識，只是不知是否因為太過平常，事實上勸解效果並不大。即使大家都同意「慈悲」是一種美德，人們依舊無法原諒蚊蟲叮咬的行為，更不相信殺掉眼前這隻蚊子、蜈蚣，就會造成何種生態的破壞。就像妳一樣，我深深感覺到在人類理性之外，還有一種幽深、巨大的力量，主導多數人的行為與思考。如果我們不能理解它，就會變成這股力量的奴隸，受它控制牽引而不自知。

佛教稱呼這股力量為「業力」，至於業力運作的法則，則名之為「因果律」。從佛法看來，世界上所有現象既不偶然也非獨立，而是受到因果律的支配產生作用。這個說法非常容易引起誤會，許多人認為因果論具有「宿命消極」的特質，因為自己的命運應當由自己創造，不能被動接受外力安排。在我看來，這兩者不但沒有衝突，反而緊密連結在一起。

我們不妨將業力想成重力：不管承不承認、喜不喜歡，我們都要接受重力的制約。從跳高的距離到蘋果落地的時間，一切事物都無法違背這個法則。人類沒有辦法憑藉主觀信念就飛到天

空；同樣的、即使不信它的存在，當有人從高處跳下時，仍會因此而喪命。然而這並不意味人類就是重力的奴隸，在重力法則下，我們仍能決定自己行為的禍福喜樂，例如挑戰辛苦的攀岩；或是順著斜坡滑行，享受三月輕暖的和風。

也正因為理解重力的原理，我們計算出火箭所需的燃料與速度，終能脫離地球而航向太空。重力法則並未失效，人類卻改變了百萬年來被拘束在地表的命運。這就是佛教對於因果的看法——逃避它，只會延長我們行為無知的時間；否定它，則就像是相信人定勝天而是跳下懸崖的愚者，終為自己帶來巨大的災難。接受因果並非迷信宿命，相反地、唯有理解它的運作原理，我們才能真正掌握自己命運，成為一個行為的自由者。

佛陀並未創造因果律管束我們，祂只是觀察並且指出這個現象，至於接不接受，完全要看我們自己了。差別在哪裡呢？一個人如果能夠承認自己知見的侷限，同時信敬佛陀對於因果的教導，那麼這個信念就會產生另種計算方式，從而改變他的行為與生命。

例如對一個斷滅論者（否定因果存在之人）而言，由於認為行為的「前因」與「後果」無關，因此很容易產生一種危險的觀點，亦即不管自己做了什麼，都不需要為結果負責。他會說服自己：無論我們如何注重環保、努力成為一個道德的人，地球最終還是可能毀在隕石或地震之中；相反的、即使恣意享受資源，最壞的狀況不過是留一堆爛攤子給子孫，自己則是瀟灑還原成地球塵埃。

然而相信因果論者就不這麼認為了，他知道無論做了什麼，最後的結果都必須由自己承擔——即使死亡也不能免除責任。

因果律最大的作用在於連結行為「前因」與「後果」，使兩者成為一個連續的「流」。所以用「流」來形容，因為佛教並不將「因」與「果」視為一種不可變化的實體，如果它是實體，那麼「因」自是「因」，永遠不會產生「果」，如此一來「變化」也就不可能存在。許多人常以「靈魂如旅人，軀體如旅舍」說明輪迴轉世的情形，這個例子雖然生動，但卻不適合佛教。原因在於它會讓人誤以為軀體雖會毀壞，但是「自我」（即靈魂）卻是永恆不變的。但是從佛教觀點看來，「自我」不只會變，也不恆常。換句話說不僅旅社不同，也沒有一個真正的旅人存在。輪迴的關係更像一條變動不已的河流，河流表面看似同一，但卻沒有固定的「我性」，上游之水實則已非下游之水，但即便如此，一旦有人污染它，卻會產生「河流受到污染」的事實，而那位破壞水源的人，無疑要為這件事負責。

用「流」形容因果律的第二個理由，在於透過水的液態特性，我們更能理解因果運作的原理。我們不妨將宇宙想成一座巨大的水箱，任何一個意念或行為，都會導致水面的動盪。水波與水波之間產生各種複雜的連結，包括能量的「抵銷」與「增強」，一個微小的行為經過加乘，都有可能轉成巨大能量。例如今生的小口角，演變成來世的大仇恨。也同樣遵循物理「作用力」與「反作用力」法則，每一個彈出去的力量，都會產生相對的力道。高傲者來世轉為輕賤，布施者來世常享富貴。「怎麼出去，怎麼回來」，這就因果律「善有善報，惡有惡報」的最根本原理。這個諺語是如此古老，以致當妳將它告訴妳的同學時，他們很可能會把妳視為是不可救藥的落伍人物。

至於我對這點則一向深信不疑，因果律是如此合理，也完

整解釋了世間所有的現象，它是根據理性推導與現象歸納產生的正信，宛若一套沒有破綻的數學體系，如果沒有反證，有什麼理由一定要否定它？我更好奇的是，如果世人可以認同牛頓「作用力」與「反作用力」的理論，那麼為何執意要反對因果的存在？從最功利的角度來看，相信「善惡不一定有報」，難道會對這個世界比較好？

這個話題恐怕必須在這裡打住，因為在「說明理論」與「接受理論」之間，還有一段漫長的辯論過程，讓我們回到問題的起點吧！根據因果律的計算，我們為何不應殺害蜘蛛、蜈蚣呢？原因在於既然我們每製造出一道能量，它就會彈回來相對的力道，那麼必然的結論是：任何一種殺害的行為，不但不會遏止苦的產生，反而將會增強苦的結果。這是一切問題的關鍵，也是佛法不同世俗見的地方。

從世俗觀點來看，如果房間內有十隻蚊子，那麼每殺掉一隻，我們就會降低被它騷擾的機率。但這僅是承繼業力習氣的思考，正如一池不斷被攪亂的池塘，殺業將會引發更多的殺業，地球於是會產生更多蚊子，讓我們陷入無限的循環之中。相反的根據因果律「反作用力」原理，當其中一方開始釋出正面訊息，例如「慈悲」、「愛物」、「護生」等，就能逐漸逆轉這個現象。

還記得我們常買魚鳥放生嗎？那些賣魚的伯伯聽到它們要被放生，總是一副浪費東西的模樣，而他們也總是好意地勸我們：「不管怎麼放，生命永遠救不完。何況我們越買，他們越賣，結果還不是一樣！」經濟學也告訴我們，當需求越大時，供應也就會越大，這樣看來好意放生的行為，似乎是真的幫了倒忙。然而世俗的觀點是有限的，它只看到事物的表象。從佛法來看，每個

生命都是具體、獨立的，供需理論把生命量化，讓我們的善良無從顯現。其實只要單純回到「將心比心」立場，設想自己是其中死裡逃生、將被釋放的小生命，那麼一切考量都是多餘的。

　　進一步來說，如果能將「人」與「物」的生命等值計算，這個問題將會更容易回答。對於主張「放生將導致更多魚鳥被捕獲」的人，我們或許可以反問：如果從現在開始停止解救行為？人們從此就會不再抓魚捕鳥嗎？答案顯然是否定的，因為任何對於善的冷漠，只會姑息惡的增長。進一步來說、如果有一個暴君，總是喜歡將他的集中營填滿，顯然我們每解救一人，就會導致另一人被抓。那麼當有人逃出煉獄，在你眼前掙扎呼喊，祈求施予援手時，你有辦法冷靜告訴他：「根據供需原理，我不應該解救你。因為我越解救你們，暴君就會迫害越多人」；又或者對於那些人道救援非洲者說：「你們無須再捐贈糧食，因為這樣只是延長他們的痛苦，同時也讓軍閥有更多人可殺！」

　　我必須再一次強調：放生看似刺激生產，但其實那是過去殺業的餘力未消，致使水面餘波盪漾。從因果計算來看，每個釋放生命的行為，都已經為地球業場注入善的能量，產生善的連鎖反應，而非擴大彼此的供需關係。只因為過去世的業力太強大，效果一時難以看見。然而只要持續去作，終有一天就會逆轉這種互相殺害的現象，使地球轉為淨土與天堂。

　　同樣的順手殺害昆蟲、動物等行為，表面看似不痛不癢，世界也沒有任何改變。但就像古人所說的，勿因善小而不為，勿以惡小而為之，任由屋頂上的種子發芽，當各種因緣具足成熟時，它必長成一棵大樹壓跨房子。這個變化的快慢，不是你我能夠控制的，我只知道根據因果的原理──它一定會到來。

　　事實上從業力本質來看，每個來到地球的生命都是受苦的，如果不是因為造作負面行為，我們也就不會在這裡。因為這種惡業牽連的關係，致使蚊子必須依賴吸血生存，而我們也總下意識地想要除掉它。這是對妳昨天困惑的解答，許多生命體之間確實存在一種本質的衝突，致使如果不獵食動物，獅子根本沒辦法過活。同樣的、在業力牽引下，我們於是一邊洋溢愛心照顧寵物，卻總不肯放棄口腹之欲，饒過屠宰場裡觳觫不已的豬牛。

　　不可否認，這些動物過去必然造了某些惡業，才會感知今生這樣的苦楚，無明的造作，讓我們綁在地球這個業場不自由，一如佛陀在《楞嚴經》中發出的悲嘆：「以人食羊，羊死為人，人死為羊……，死死生生，互來食噉。」問題是，我們還要繼續聽任自己受業力控制，在生死之流中輪轉嗎？

　　盲目依循重力的法則，我們就是重力的奴隸；理解重力而發明火箭，才是人類智慧了不起的地方。「慈悲」與「智慧」就像火箭的燃料，能讓我們脫離業力羈絆，主宰自己的禍福。宿命論者說：我有「權利」宰制它們，因為它曾傷害過我，這是它們成為動物應得的報應；然而有智慧的佛教行者會說：或許我有「權力」報復，但我不會這麼作，因為我不想順著「你傷害我、我傷害你」的法則墮落。即使這是它前世欠我的，但因「智慧」而選擇脫離；因為「慈悲」而選擇放棄，這就是所謂的「偉大」？何況──我們又怎麼知道，這輕描淡寫的一掌，其實不是過去餘波傳回的能量，而是開啟一個新的惡的循環？

　　這封信我先寫到這裡，琴兒自小就是一個善良的小孩，看見螞蟻蚊蟲從來就不忍心傷害，這是非常重要的特質，相信妳會一輩子保有它。放一部豐子愷先生的《護生畫集》在妳桌上。如果

有機會，也許可以將它送給妳的朋友，畢竟，有時候人們需要的不是說理，而是一種單純而直接的感動。順便一提，我很喜歡其中一首詩：

> 萬峰回繞一峰深，到此常修苦行心。
> 自掃雪中歸鹿跡，天明恐有獵人尋。

其實只要我們願意用心，隨時都能增加這個世界的美麗。

　　以上各節是我這幾年教學的一點反思。一方面試圖解決若干古老的議題：包括「人性善惡」這個縈繞中國哲學史已久的爭論。儘管傳統文化在宋代以後主尊孟子，性善論也成為價值主流。但是在現代儒學衰弱、多元價值並存的年代，性善論重新受到各種挑戰，性惡論似乎更加符合常人的直觀。但從理性角度分析可知，孟子性善說更能圓滿詮釋這個世界為何有善有惡。

　　又如困擾西方功利主義已久的問題：如果犧牲少數人的性命可以解救多數人，我們可以通過多數意志這麼做嗎？讓人訝異的是，遠在戰國時代的墨家就已對於這個難題做出了解釋：墨家的回答是：如果有選擇，那麼我們只能選擇自我犧牲，他人犧牲是不可以的。但如果沒有選擇，這個不得已的行為還是要被迫進行。這個回答一方面守住了功利主義的立場，一方面也能有效解消犧牲少數的質疑。

　　當然，這些都是倫理學的理論，而我個人最在意的乃是實踐的問題。實踐是檢驗知識、昇華自己最好的方式。東方哲學最大的特點，也是最吸引我的地方就在於它有悠久完整的功夫實踐傳統。而在倫理學中我最關懷的則是生命間如何和平相處的問題，

這裡所說的生命不僅包含人類自己，也包含了具有靈性的萬物。一個人如果可以愛護動物，多半也會願意愛護他人；同樣的，唯有徹底發揮同理心，我們才能將人類的理性慈悲之愛真正擴張至所有的生命。儒家所謂仁民愛物，就是循著這條思路前進。也因此最後一段乃以「我的護生倫理觀」作為結尾，提供大家另一種生命思考的觀點。

〔閱後再思考〕

1. 在古老的電車難題中，如果改變列車軌道就能將壓死五名無辜鐵路工人的結果改成壓死一名鐵路工人，你會選擇改變軌道嗎？理由為何？

2. 在彈盡援絕的守城保衛戰中？如果有一小隊士兵被犧牲當作食物，就能成功防止敵人入侵而保全千萬人性命財產安全？如果你是軍隊指揮官，你會下達執行這樣的命令嗎？這與派遣他們進入敵區進行不可能生還的任務有何差別？

3. 推薦觀賞影片：劉德華主演，《墨攻》（*A Battle of Wits*），2006年上映。

第七章

意義與規範（一）
西方法政哲學的幾個重要主張

〔**閱讀前思考**〕

1. 你認為什麼是法律？法律應該具備什麼要件或形式？服從法律
   為什麼是一種義務？
2. 法律中的正義概念是什麼？它與倫理學中所談的正義是否相
   同？
3. 公民不服從是不是一種違法行為？如果是的話，為什麼民主法
   治社會還要賦予人民公民不服從的權利？

　　在現代分工細膩的學術體系中，法政哲學屬於純哲學研究的
外圍學門。不是因為它不重要，剛好相反，正因為法政哲學對於
民主社會非常重要，因而歸入法律系、政治系專業研究體系，哲
學學門則是挪出更多心力拓展其他領域。不過這裡我覺得還是有
必要討論一下法政哲學。蓋哲學作為一門學科，理應提供我們一
種合理、正確的行為模式。對內解決生命疑惑，對外則是建構一
套維繫社群和諧發展的制度。前者是倫理學的範疇，後者則非法
政哲學莫屬。

　　儘管法政哲學概念與學科的成立乃是西方文化的產物，但是
對於公共事務與群我關係的關注，則是傳統知識分子（士大夫）

的終極關懷。如孔子談為政，孟子論王道，漢儒以降，更有大量關於政治理念與實踐的著作產生，由於這樣的文化質性，我在這裡特別開闢法政哲學一章作為現代關懷的小結。

此外，法政哲學也包含了哲學諸多重要領域的應用，如當我們討論自然法、實證法問題時，即牽涉到了存有論、形上學的思考。包括神律是否存在的問題；而探討法理推導、法條解釋的正確性時，又牽涉到了邏輯學與語言學的運用。最重要的，法律研究實然，政治研究應然，實然是現象的分析，應然則是價值的確立，也因此法政哲學往往高密度地扣合倫理學，並以應用哲學研究為基礎，舉凡複製人、代理孕母、安樂死等，都是牽涉複雜的法律體系與社會制度建構的議題。

因為這樣，哲學人基於現代關懷，實有必要比其他人更加關心法政哲學。反過來說，沒有哲學反思與人文內涵的政治法律制度，實是膚淺而危險。如同第一章所揭示的：哲學心靈最重要的，乃是反思與觀照能力，唯有在觀照與反思中，生命的價值才得以彰顯，制度建構也才不至流於形式化。篇幅所限，以下我們只能簡單介紹西方自然法與實證法的沿革，以及當代著名政治哲學大師羅爾斯的若干觀點，多由過去所寫論文摘錄改寫而成，作為讀者日後自行閱讀學習的基礎。

一、自然法的內涵與發展

每個社會都存在著維繫結構的規範，透過各種有形無形的「力」，確保組織運作的順暢。這些力量或者彼此衝突、或者交互融攝，形成無數複雜的規範網絡，指引人們什麼不可做，或者

什麼應當做。從本質來看，所有的規範都是一種「應然」的指令，無論其名稱為何，「道、理、禮、法」都在建構一種統一的秩序，避免混亂以及恣意的發生。在規範尚未獲得普遍同意前，它與主體之間時存隔閡，一旦這種秩序為理性所認識並接受，它即內化成為一種更超越層次的規範。即使外在強制力消失，依然能夠宰我們的行為，進而通過集體意志形式，成為社群的核心信仰。

這種內化的律則並未就此與外在規範截然二分，人類普遍相信主、客體之間存在某種互通的機制，這個信念強大到即使此一命題如此亟待證明，但在多數思想家眼中，它往往被當作一個前提陳述，例如「禮者理也」即是最佳的證明。在此主、客體持續交互作用下，應然的命題被制訂為實然的法律規範，並且透過懲罰方式確保其尊嚴。例如「天無二日」是一種實然的現象，「民無二主」則為應然的規範，儘管我們看不到「天道」、「人事」之間的因果鎖鍊，但是這個信念似乎具有無比的魅力，吸引人們持續深化此類的論述。一個必然的發展是：人類社會衍生出各種超越性規範，它的位階在於人定法之上，當兩者牴觸時，人定法必屬無效。就這樣，自然法成為人類社會普遍信仰，而道德的「應然命令」也充斥在各種規範之中。

國內著名法理學學者顏厥安先生曾為自然法做出下列定義：

第一、自然法乃指外於、超越實證法之外的「法體系」或
　　　「法原則」。自然法的基礎是某種特定的、既有的
　　　「秩序」。
第二、自然法的具體實施內容具有某種變動性。

第三、在一定的條件下，實證法會因違反自然法而喪失效
　　　力。在此一情況下，此一實證法就不再具有法的資
　　　格。

　　顏厥安先生認為，如果要用一句話概括上述種種特徵，則
所謂的自然法，實是一種存有論的思維模式。透過對於此存有論
的分析，我們便能區分何者屬於真正的「法」，也就是人類「值
得」且「應該」遵循的規範；又何者僅是一種表現的規範，來自
人類有限理智的運作。[1]

　　古希臘哲學家赫拉克列圖斯（Heraclitus 540-480 B.C.）認
為，整個宇宙永遠在變化生成之中，正如人不能進入同樣河水之
中兩次，因為河水總是變動不居。然而在這個變動的現象界背
後，還隱藏了一種永恆的和諧，此永恆的和諧是由 Logos（道）
所創造。人定法律經常變化，然而由 Logos 所創造的神律則永久
不易，此種觀點即是西方自然法的最初原型。

　　此後柏拉圖又提出了「理型說」，他將合於「理型」的法
律稱為真實法，真實法恆常不變，與它相對的，則是存於人
類感覺之中的實證法。[2] 而亞里斯多德在《尼各馬科倫理學》
（Nichomachean Ethics）一書中，將「正義」分為「自然正義」

1　顏厥安：「德國當前一般討論法與道德這個題目所指的道德，乃是指自然
　　法、理性法、價值準則、正義原則等等『非實證法』的價值理念或規範。
　　換句話說，此處所指的道德，是以『法』為出發點，來加以考察所有『法
　　以外』的價值理念或準則。」《法與實踐理性》（台北：允晨文化，1999），
　　頁 36-39。

2　此段說明參閱馬漢寶，《西洋法律思想主流之發展・自然法之現代意義》
　　（台北：翰蘆圖書，1999），頁 131。然其書將「Ideas」譯為「理念」，與
　　哲學慣用法不同，茲改回「理型」一詞。

與「約定正義」兩類。「自然正義」具有普遍性，不會受到主觀認知的影響，「約定正義」則是人類社會個別制訂的規範，隨著風俗民情而有所不同。為了說明自然正義的普遍性，亞里斯多德舉了「火在希臘與波斯均以相同方式燃燒」為例。然而這卻不是一個適當的例子，因為火的燃燒乃是一種物理現象，與倫理學上的道德認知無關。但假如這的確是亞氏原意的話，那麼亞里斯多德所說的自然正義實近於自然法則，而與後來所認知的自然法無關。

　　羅馬時期法學家，如西賽羅（Marcus Tullius Cicero, 106-43 B.C.）等受到斯多噶學派的影響，希望建立一種普遍適用，永垂不變的法律。斯多噶學派創始人芝諾（Zeno, 490-430 B.C.）主張，宇宙乃是一個統一體，自然法則即是理性法則，而理性乃是法律與正義的基礎，不會因時空變化而有差別。羅馬法學家於是根據這樣的觀點，認為人是萬物之中唯一能夠由「自然」接受「正當理性」者，如查士丁尼《法學總論》所宣稱的：「自然法是自然界教給一切動物的法。因為這種法不是人類所特有，而是一切動物所共有的，不論是天空、地上或海裡的動物。……每一個民族專為自己治理所需要而制訂的這個國家所特有的法律，叫做市民法。至於出於自然理性而為全人類所制訂的，所有民族同樣適用的法，叫做萬民法。」[3]

　　如此一來，發源於希臘的自然法，經過羅馬法學家的吸收與運用，乃蛻變成為萬民法的概念，而萬民法也就幾乎等同於自然

3　潭爽譯，《曠世名典　法學總論》（北京：中國社會出版社，1999），頁16。

法。值得注意的是，由於羅馬人重視現實的性格，他們對於自然法的理解也富含了世俗的色彩。因此自然法在羅馬法學概念中，並非指涉任何一種具體的規則，而是一種法律解釋方式。因為這個緣故，羅馬法中並無任何記載表示自然法高於實證法，或實證法與自然法衝突時，實證法應屬無效的觀點。

　　由於神學思想影響，中世紀時期的自然法開始與上帝概念結合，因而具備濃厚的道德意義。神學家聖多瑪斯・阿奎那（ST. Thomas Aquinas, 1225-1274）在吸收了亞里斯多德「神是萬物存在的最後動因」概念後，將上帝以永恆法的形象作為萬物存在的第一動因，並將上帝置於自然法的結構頂端。他在《神學大全》一書中，廣泛討論了各種有關法律以及神學關涉的問題。例如在「論法律之區分」一項中，聖多瑪斯提出了下列六個問題：一、是否有永恆的法律？二、是否有自然之法律？三、是否有人為之法律？四、是否有天主之法律？五、是否只有一種（天主的法律）或許多種？六、是否有罪惡之法律？

　　其中對於「我們內在是否有自然法律」的疑問，聖多瑪斯答道：「自然理性之光明，它使我們能知道什麼是善，什麼是惡；而這屬於自然法律。因為自然理性之光明，無非就是天主之光明在我們內的印記。由此可知，自然法律無非就是有理性之受造物所分有之永恆法律。」「永恆之法律既然是最高統治者的統治之理，則下級統治者的統治之理，必然皆是源自永恆的法律。」[4] 如此一來，自然法成為人與上帝之間的橋樑，而理性也成為了自然

4　聖多瑪斯・阿奎那，《神學大全》第六冊（台南：碧岳學社，2008），頁 6、30。

法的根本內涵。

　　16、17 世紀以後，自然法逐漸從傳統限制、保守的性格轉為積極的權利保障概念。這個轉變契機源自北歐新教徒對於基督教義重新詮釋所致，如荷蘭新教徒格老秀斯（Grotius, 1583-1645）在 1625 年出版之《戰爭和平法》（*On the Law of War and Peace*）一書中，不再依循聖多瑪斯對於自然法的解釋模式，而是選擇以「理性」作為自然法的根源。格老秀斯本身也是一位虔誠的信徒，但他卻主張即使上帝不存在，自然法仍然不會消滅。至此保證自然法存在的，已由上帝轉為人的理性。

　　也因為理性精神的抬頭，在 18 世紀許多啟蒙思想家的眼中，自然法幾乎可與「理性」、「公平」、「正義」等概念混用。值得注意的是，這個時期的思想家拒絕賦予自然法一種高級法的地位。如培根即認為，法律其實只是人類功利考慮的產物，無須與高級法相契合。而後隨著基督教會迫害異教徒的活動日益嚴重，許多法學家也進一步思考異教徒的自然權利能否被剝奪等問題，並從中得出異教徒也具有不可剝奪的自然權利此一結論。如此隨著自由、平等、人權等價值逐漸深植人心，「天賦人權」、「自然權利」也逐漸取代自然法的地位，自然法思想在歐洲於是開始步入了衰弱的命運。

　　隨著自然法思想的沒落，法實證學派、歷史法學派、哲理法學派乃成為 19 世紀三大法學流派。法實證主義者在辨析「應然」與「實然」語句的基礎上，試圖離析「法」與「道德」兩種範疇，並將「道德」排除於「法」體系之外。他們認為法律與道德是兩種不同的規範，法律之所以為法律並不依賴於法律內容的道德內涵，也將法理解為一種基於人類理性所訂的規範。

　　分析法實證主義（analytical positivism）的傳統至少可以追溯至邊沁，而 20 世紀的代表則是哈特（H.L.A. Hart, 1907-1992）。其著作《法律的概念》以日常語言分析學派為基礎提出法律作為社會規則的基礎主張。如同前面所說，分析法實證學派認為法律與道德是兩種不同類型的規範體系，主張法與道德分離命題，他們既不嘗試從人性中推演出一個體系，也不從某些假設的或形上前提，推演出一個原則性觀念集合體。他們的任務乃是透過分析實際存在的法律制度與法律概念等，理解法律本身的內涵。

　　至於歷史法學派的主要工作，則是研究權利理念或自由理念在社會經驗中的實現過程。歷史法學派否認法官、法學家以及立法者對於法律有任何的創造性活動。他們認為法官既不是法規範的締造者，也不是使法律規範發生效力的中介。蓋「法官的工作只是承認法律規範，至於規範則是依據正義的社會準則取得實際約束力的」。[5]

　　哲理法學派以康德和黑格爾為主要代表，他們既不像分析法實證學派，試圖從分析法律概念自身闡述其學說；也不像歷史法學派般研究法與歷史現象的種種關連。哲理法學派所採取的方式，乃是從法的外部著手，透過既定的哲學體系，建構種種法律思想與學說。

　　美國法學家龐德（Roscoe Pound, 1870-1964）在《法律與道德》一書中認為，康德的理論是批判性的，他並沒有發掘出我們可以用來創設新實在法規範的一套規則的終極系統範式。他找出

5　參閱龐德，陳林林譯，《法律與道德》（北京：中國政法大學出版社，2003），頁 26。

的是可用來批判已有事物的終極批判性原則。法理哲學派相信自己能夠發現某種永恆的、不可變更的事物，而這正是法律賴以立身的基礎。這種論述看似與古典自然法相似，但本質卻完全的不同。原因在於康德將具有自由意志的自覺個體，作為終極的形而上學基點，並且以此展開自己的理論。換句話說，康德運用形而上學基礎取代了自然法依賴的理性基礎。[6]

　　而在黑格爾的絕對精神王國中，法律乃是權利理念的實現，法律史則是權利理念在人類司法經驗中的展現。[7]黑格爾有段非常著名的言論，他宣稱「從世界歷史推測我們知道世界歷史的進展為一種合理的過程；知道這是一種歷史已形成『歷史精神』（Word-spirit）之合理的必然路線」。[8]黑格爾顯然將實然和應然合而為一，把現實看做理性的自我發展，成為一種絕對的一元論。影響所及，當自然法學派中的多數人提倡革命的正當性時，「哲理法學派卻把革命的要求用晦澀的語言包藏起來，並且所闡述的理論往往也可以為人們用來抑制革命，恰如黑格爾的國家主

6　龐德，陳林林譯，《法律與道德》，頁 16-19。此外周旺生也說道：「康德自認為他創建了一個體系完整內容豐富的法理學理論體系。這個體系是強調權利問題的重要性的，認為權利是表示任何一個人的自由行為與其他任何一個人的自由行為共存的條件的總和。或者說，權利是一種能使一個人的自由行為與其他所有人的自由共存的外部法則。這種權利觀，是對自然法理論強調權利是一個人生而就有的永恆的事物的觀點的否定，從方法的角度看也是對分析法學派和歷史法學派的否定。」《法理探索》（北京：人民出版社，2005 年），頁 44。

7　如黑格爾於其《歷史哲學》一書中道：「上帝統治著世界，而世界歷史便是上帝的實際行政，便是上帝計畫之見諸實行。」王造時、謝詒徵譯，《歷史哲學》（台北：水牛，1989），頁 59。

8　王造時、謝詒徵譯，《歷史哲學》，頁 16。

義學說那樣。」[9] 這種唯意志論的主張混合了尼采主張的超人哲學，成為日後納粹與法西斯主義思想的溫床，至於專注於研究法自身為何的實證法主義，則頗冤枉地成了日後人們指責的代罪羔羊。

鑑於兩次世界大戰的苦果以及人心之中對於道德的呼喚，20 世紀法學家於是將目光重新投注於自然法之上，他們試圖將道德理性與法體系相結合。著名法學家如富勒（Lon L. Fuller, 1902-1978）、德沃金（Ronald Dworkin, 1931-2013），以及羅爾斯（John Rawls, 1921-2002）等人於是重新建構一套自然法理論，其中影響最鉅最廣為人知的，即是羅爾斯所作《正義論》一書。羅爾斯認為法律必須以正義為根本，而公平即是正義。嚴格來說將正義理解為公平，並不能夠完全包含正義的內涵，很明顯的羅爾斯所謂的正義，乃是偏向政治學中的利益分配層面，而非倫理學中所認知的正義。但無論如何，沉寂兩百年之後，自然法這個古老的議題終於再次受到世人注目，舊瓶新酒，繼續發揮它的影響力。

二、實證法的挑戰

自然法思維普遍存在各時代之中，透過宗教、道德、禮教各種不同的形式，深刻影響社會秩序的運作。然而就在自然法思想發展到極致時，另一種的挑戰也隨之產生，首開其端者，便是經驗主義巨擘——大衛・休謨。道德作為一種規範如何可能呢？休

9　周旺生，《法理探索》，頁 44。

謨在《人性論》中反思道：

> 在我所遇到的每一個道德體系中，我一向注意到，作者
> 在一個時期中是照平常推理方式進行的，可是突然之
> 間，我卻大吃一驚地發現，我所遇到的不再是命題中通
> 常的「是」與「不是」等聯繫詞，而是沒有一個命題不
> 是由一個「應該」或一個「不應該」聯繫起來的。這個
> 變化雖是不知不覺的，卻是有極其重大的關係的。因為
> 這個應該或不應該既然表示一種新的關係或肯定，所以
> 就必須加以論述和說明；同時對於這種似乎完全不可思
> 議的事情，即這個新關係如何能由完全不同的另一些關
> 係推出來的，也應當舉出理由加以說明。[10]

經驗主義者承認個別現象的存在，但是否認其中具有因果
性，誠如他們所說的，即使經歷了 99 次碰觸火焰而被燙到的經
驗，我們仍不可能確認第 100 次仍然如此。休謨認為人類的知
識領域可以分為兩種：一種是實然的領域，例如杯子之中有沒有
水，這個命題非真即假，沒有例外。另外一種則是屬於應然的範
圍，亦即「事情應該如何」的陳述。休謨認為實然狀態導不出應
然規範，應然是以「ought」語句，實然是以「is」語句，我們不
能因為某事實際情形如何，便率爾推定事情應該那樣。

正如水往下流乃是一種經驗界的實然現象，它與人類性善性
惡的命題毫不相關。如果休謨可以讀到《孟子》，他必然指責孟
子邏輯的謬誤，「人性之向善，猶如水性之就下」這種論述僅有文

10　休謨，關文運譯，《人性論》（北京：商務印書館，1980 年），頁 509。

學譬喻上的美感，完全缺乏論證的效力。同樣的，荀子認為人皆
有趨利避害、自私自利的本能，這是一種實然的現象描述。然而
「性惡」卻是一種價值的判斷，從「目好色、耳好聲、口好味、
心好利、骨體膚理好愉佚」的實然狀態，也推導不出「性應然為
惡」的結論。[11]

　　休謨區分實然、應然語句的目的，旨在辨別事實與道德義務
的不同。從法理學觀點來看，這個發現無疑具有嚴肅而且重大的
意義，它放棄了「自然法特殊規則的真實性可以證明」的堅持，
即使這些規則普遍為世人所信守。而這正是日後法實證主義的重
要任務──將道德劃出於法體系之外。法實證主義主張我們必須
嚴格區分法與道德的差異，也就是「應當是這樣的法律」與「實
際是這樣的法律」兩者的差別。「不應當殺人」乃是一項道德誡
命，「殺人者處以死刑」才能稱之為法律。[12]

11　關於荀子混淆實然、應然的問題，蔡英文《韓非的法治思想及其歷史意
　　義》一書中也提到，荀子的性惡論「正確論之，是指人無法歸約情性而導
　　致出邪惡之行為的結果，他就這邪惡的行為結果論說『人之性惡』。由於
　　在用語上，他把『本然』的語詞和價值之『應然』的語詞相混淆，致使他
　　的「性惡論」顯得曖昧不清。」（台北：文史哲，1986），頁 210。

12　儘管如此實證法學家極力區別這一點，但不可否認的，任何一種法規範都
　　與道德一樣，具有強烈的應然特質，如 Dennis Lloyd 所說：「人類的法律
　　依舊與道德一樣，均有『規範性』的特質，因為它是在制訂行為的規範而
　　不是陳述事實。譬如，法律中規定殺人，應當禁止，並得處以死刑，它並
　　不是在說明受法律制裁者的實際行為，……它也不是在預言國家將採取的
　　行動，因為許多的『殺人』可能是在豁免權的保護下實行。法律所作的，
　　不過是為平民或官吏設定行為的準繩，並且（通常）表明這些條文如果
　　遭人違反會在法律上引起什麼樣的制裁。……可是，法律與道德規範在另
　　一方面卻迥然不同，它需要有某種程度的持續服從，因為倘若沒有這種特
　　性，它就根本不能被稱作法律。相反的，一種道德規範，即使從未或很少
　　被遵守，依然可以認為有效。」參閱張茂柏譯，《法律的理念》（台北：聯

著名法實證主義法學家哈特曾經歸納實證法的五個命題如下：[13]

1. 法是命令。
2. 法與道德間並無必然之連結。亦即法是什麼，與法應該是什麼，分開處理。
3. 對法概念的分析性研究是值得進行的，但它應與對法概念其他面向的研究，例如歷史的研究、社會學的研究、對法的評價等分開進行。
4. 法律體系是一邏輯封閉之體系。法律裁判可以僅運用邏輯工具，不須參考社會目標、政策、道德標準等，直接由已預設之法律規則中演繹得出。
5. 對於價值（道德）的問題，是無法透過理性論證加以討論決定的，也就是價值的不可知論（noncognitivism in ethics）。

值得注意的是，這些命題並不完整體現在一人一家身上，而是散見在各家學說中。哈特特別強調，只有第二個命題，也就是將法與道德脫鉤的工作，才是法實證主義的核心共識，一般稱為「分離命題」或「可分離命題」。其他命題甚至是可能錯的，如哈特對第一個命題提出批判，反對將法單純視為是主權者的命令。

為了更進一步釐清法與道德的關係，哈特還建構了一套精巧

經，2005），頁 86。
13 此說詳見顏厥安，《法與實踐理性》，頁 59。又可參閱顏厥安，《憲邦異式——憲政法理學論文集》（台北：元照，2005），頁 62。

的論述。他的社會規則理論認為，法律與道德都具有他所稱的內在觀點的視野，亦即行為者將法律視為自己行動的準則以及批判他人偏離行為的標準。相反於內在觀點，外在觀點強調社會成員遵守規則的實效面向。如果不將內在觀點納入考量，我們無法理解何謂義務、應該與應然等語句的表達。法律與道德皆具有「內在面向」，但是一般的習慣則沒有。那如何區分法律與道德呢？哈特認為，法律與道德的差異不是在於「強制力」與否，而是在於法律不僅僅是初級規則，而是具有次級規則。所謂的初級規則是指「課與義務規則」，而次級規則則是「授與權力規則」。因為有次級規則，所以人們可以改變自身的權利義務的狀態，例如契約法以及婚姻的締結。更重要的是，次級規則下有三種規則：承認規則、變遷規則與裁判規則。區分法律與道德最關鍵的要素在於法律是透過承認規則才被承認為法律的，而不是因為被承認法律的道德妥當性。[14]哈特的規則理論對於當代分析法實證主義注入一個強心針，讓法實證主義者擁有更豐富的概念工具以及哲學基礎（語言分析哲學）針對法律概念提出細緻的討論。

　　哈特區分初級與次級規則的連串討論無疑非常重要，它使法律從道德之中脫離，但又並非處於對立或者毫不相干的狀態。許多人並不理解這一點，對於法律做出偏狹的見解，如先秦法家便將法律與道德視為絕對對立的規範，致使實證法一詞帶了某種反道德的傾向，從而招致許多嚴厲的批判。哈特的見解，無疑讓實證法的內涵更加寬廣，簡單來說：實證法真正的目的，在於確

14　參閱哈特，許家馨、李冠宜譯，《法律的概念》（台北：商周，2010），第五章。

認法律效力不受道德干預，而非剔除法律規則內在的道德性。

三、自然法與實證法衍生的誤解與批判

由於法實證主義旨在將道德與法律脫鉤，許多人乃理所當然地將自然法與實證法對立看待，事實上這些對立與誤解來自於一種表面印象，而非內在邏輯的必然。歸納其種類主要有四：

第一種錯誤的觀點認為：我們只能在自然法與實證法之間採取一個立場，反對自然法論者即為法實證主義；同理，自然法論者也絕對不可能成為法實證主義者。事實上，反對法實證主義不必然非要採取某種自然法論的立場；而自然法論者也非沒有成為法實證主義者的可能。顏厥安先生即認為，想要推翻「只有實證法是法」的命題，並不需要尋求超越實證法之上的自然法，只需探討實證法的「開放性」，擴大法規範的範圍即可。同樣的主張「只有實證法是法」者，例如立法機關，也大可以以自然法理論，作為自己立法權威奠立的基礎。[15]

第二種錯誤的觀點認為：由於實證法極力區分「法」與「道德」的分別，甚至主張「惡法亦法」，因此他們是反道德者。事實上法實證主義並不否定道德力量與價值，它所強調的是，道德與法律不應互相混淆與干擾，但不排斥彼此在價值或目標上的一致，甚至只要透過立法程序，我們也能將道德誡命轉為法律規定。

更進一步分析，即使實證法重視「實然」語句分析與規定，

15　參閱顏厥安，《法與實踐理性》（台北：允晨文化，1999），頁 13。

但其根源價值仍是一種「應然」的追求。我們可以反問：如果沒有「不應該殺人」的信念，我們又何以要制訂「殺人者死」的法律？[16] 可見法律上的實然語句僅是一種文法邏輯的表現，真正支持它的，仍是本於人類智性中不可證明、不可取代的應然信仰。

　　第三種錯誤的觀點實源自於歷史發展的刻板印象。許多人將「自然法／實證法」之別，作為區判「成文法／不成文法」以及「人治／法治」的標準。尤其中國長期以禮教治國，而禮即是一種自然法的表現形式。影響所及，他們認為如果當年能夠繼承法家的實證法路線，中國或者能夠培養出法治風氣，或者至少能夠更加快速地轉型成為現代法治社會。由於近代中國的衰頹，這種期待無疑隱含許多歷史情緒在其中。遺憾的是，這種想法既不確實，也混淆了自然法與實證法的內涵。蓋「自然法、實證法」的目的在於設定一個框架，藉以決定什麼規範可以列入法體系之中。至於法律成文與否，那是法律表現形式的問題，與「自然法／實證法」的信仰無關。

　　一個成文憲法國家如果信奉某種超越性的價值，諸如人權、自由、平等，並將之置於法律之上，認為這些信念的效力大於法律，那麼這個成文法國家即是自然法的追隨者。同樣的，在一個人治的國度中，獨裁者既然可以憑藉個人意志隨時推翻法律規定，那麼分辨哪種規範屬於法的範疇已非重點。他既可假借道德

─────────

16　關於道德對於法律判斷的影響，Dennis Lioyd 曾舉一例說道：「法院關切的是法律的內容如何而非法律應當如何，但並不意味法律可以不受道德非難，假如它應受非難的話。我們也沒有理由推測，因為實證主義者否認價值系統可以證明為真實，即使他知道他無法證明它們的正確性。」張茂柏譯，《法律的理念》，頁 101。

名目而殺人，同樣的也能裝模作樣，量身制訂出一部成文法律，間接達到恣意的目的。反正在政體上，他既已經超越了法律，實質法律為何已經不是重點。簡單地說：信奉自然法的社會不一定傾向於人治，而實行實證法的國度也不必然走向法治。

　　最後一個難解的問題是：法實證主義是否更易造成獨裁政權的出現？由於早期的法實證主義者如奧斯汀、韓非等人均將法律理解為「主權者的命令」，因而「法實證主義」一詞往往也與「極權主義」聯想在一起。最明顯的例子，即是二戰大戰期間納粹對於猶太人的迫害，德國人將服從法律的視為天經地義的行為，在「惡法亦法」的信念下，舉國乃為之瘋狂。經歷過慘痛的二次大戰，世人開始反省整件事情發生的始末源由，而 19 世紀以來盛行的法實證主義也就成為檢討的主要對象。

　　如阿德勒（Adler Mortimer J., 1902-2001）在《六大觀念》一書中，就指出了法實證主義對於專制政治的辯護，往往是不知不覺的，法實證主義者一開始時便已犯了基本而且重大的錯誤：

　　那項基本錯誤在於置法律優先於正義而且比其重要，而不是正義比法律優先或重要。他們不把自然正義視為人制法律流出的源頭，反而認為剛好相反。他們認為實證法律，亦即由人所制訂的國家法律，乃是正義的唯一來源，而且決定當個人與他人以及個人與社區本身一旦有關係時個人所應該或不應該的行為。

　　有關法律與正義的關係，究竟孰先孰後。這兩種互相衝突的觀點已分別被稱為自然主義者的觀點（the naturalistview）與實證主義者的觀點（the positivist view）。……對他們而言，實證法律——由人所制訂的

> 國家法律──提供了唯一歸約性的應當行為，人類要被
> 迫去服從。根據他們的看法，沒有一件行為是正義的或
> 不正義的，除非由實證法律所要求或禁止的行為才有所
> 謂的正義或不正義。[17]

　　奧斯汀本人以及 20 世紀，跟隨他的法律學實證主義者，並
不認為他們自己是絕對政府或專制政府的護衛者。不過，他們就
那樣──也許不像他們的前驅者一樣明顯地表達他們的觀點，但
至少隱含地表示出他們的意思。

　　對自然權利、自然道德與自然正義的否定，不僅導出單單人
訂法律即能決定正義與不正義的行為的實證主義者之結論。它而
且導出一個附帶的結論──亦即強權就是權利。這就是絕對政府
或專制政府的真正本質。[18]

> 如果國家法律是衡量正義的唯一標準，那麼就沒有方法
> 可用來衡量實證法律的正義與不正義。甚至只提及「正
> 義的實證法律」，就是一種重複的贅詞──更壞的說：就
> 是一種自相矛盾的條文而已。它們所規約的，就成為正
> 義的行為；它們所禁止的，就成為不正義的行為。[19]

　　這些指責似乎無可否認，根據「某些」法實證主義者的觀
點，服從法律是正義的，而國家擁有制訂法律的權力。那麼一旦
上位者出現問題，社會自然也就跟著墮落。因為這個緣故，二戰
之後人們重新反省：如果每個人都有守法的義務，那麼完全別除

17　Mortimer J. Adler，蔡坤鴻譯，《六大觀念》（台北：聯經，1986），頁 212。
18　Mortimer J. Adler，蔡坤鴻譯，《六大觀念》，頁 214。
19　Mortimer J. Adler，蔡坤鴻譯，《六大觀念》，頁 215。

道德於法律體系之外，恐怕是項危險的作法。我們固然可以再次援引道德律使它法律化，但是這種作法往往緩不濟急，獨裁者更不會如此希望。一旦人們習慣於服從權威，根深蒂固以為「法律即正義」，則極權政治的幽靈恐將復返。

但是這樣的指責也非完全無法回應。英國法學家同時也是律師的 Dennis Lloyd 在《法律的理念》一書中指出，主張法律實證主義導致獨裁政治乃是一種「明顯的錯覺」。無論是從經驗主義、法律分析哲學盛行的英語世界來看，民主價值在此均獲得了相當徹底的承認與實施。反而是提倡理性主義、自然法思想濃厚的歐陸國家，才是德國納粹主義與義大利的法西斯主義的地盤。尤其是黑格爾等哲學家，他們將國家視為最高的價值，大大鼓勵了適合於集權主義的法學理論與倫理思想。[20]

以黑格爾為代表的哲理法學派既是反對自然法，也不屬於實證法，其學說乃是將「應然」與「實然」的命題統合為一，納入絕對精神體系之中，主張國家即是理性精神發展的極致，法律則是理性的表現，而這才是歐陸後來產生極權思想的真正溫床。Dennis Lloyd 認為從現實發展來看，世人對於實證法促成極權思想的指責，顯然是沒有道理的。

四、羅爾斯的公平即正義觀

公平乃是人類先天的道德直覺，由「己所不欲，勿施於人」第一律導出，成為維持社群存續的根本原則。不同民族的法律規

20　參閱 Dennis Lloyd，張茂柏譯，《法律的理念》，頁 101。

定各不相同，許多甚至違反理性的精神，例如將人投擲於水中以
有無溺死判斷他是否有罪。但無論如何怪異離奇，沒有一個民族
不自認為自己的法律是公平的，公平似乎是人類最普遍的法感。
中國古代造「法」這個字時就以水的「平準」特質作為造字元
素，如小篆「法」字即由「水」、「廌」（音置）、「去」三者組成。
「廌」即「獬豸」，乃一種可以分辨善惡曲直的神獸，凡為惡者
必將以角觸「去」之，[21] 由此可見「法」字保留古老「神判」思
想。又其依從「水」字旁，表現「衡平」的理性精神。

　　小到家庭秩序的建立，大至國家社會的管理，公平概念沁潤
到每一個生活領域與群體之中。古代如此，今天羅爾斯仍然將公
平視為政治領域追求的最重要價值，提出「公平即正義」命題，
主導了 20 世紀後半葉乃至今天的學術走向。不論贊成或反對，
沒有人可以忽視羅爾斯的意見，當代自然法的復興，也在這裡尋
得新的生命力。

　　從羅爾斯的正義觀可以發現純粹倫理學與法政哲學的差異
所在。在政治哲學中公平或許等同正義，正義必然表現為公平，
但在倫理學領域中，公平不一定可以作為任何行動的價值準則。
如阿德勒《六大觀念》書中將正義理解為「相當高程度的善」，
公平只是正義的一種表現而非全部。也因此正義支配了我們對自
由平等的思考，每當我們想要糾正自由或平等的錯誤時，都要訴
諸對於正義的考察。在此前提下，自由與公平並不是無限體的存
在，一個人可能擁有太多的自由，恣意殺人顯然是不對；同樣

21　如王充《論衡》卷十七〈是應篇〉云：「獬豸者，一角之羊，性識有罪，
　　皋陶治獄，有罪者令羊觸之。」

的、絕對的平等恐怕也會造成真正的不平等。自由、平等並非無限的價值體，必須根據不同狀況配予一定的比例。[22]

　　但正義顯然不是如此，阿德勒宣稱：「沒有一個社會能夠是太有正義；沒有一個人會行動得比對他自己或同伴是善還多的正義。」[23] 自由、平等與正義三者之中，只有正義才是無限制的善。也因此阿德勒對於羅爾斯「正義即公平」論（英文為 theory of justice as fairness，一般譯作公平即正義，《六大觀念》譯作正義即公平）有所批判。原因在於羅爾斯所謂的正義原則僅能作為評估「社會基本結構」是否合乎正義的判準，但卻無法用以評估某個人，或其行為是否合乎正義。正確地說，羅爾斯的「正義論」應該稱為「社會正義理論」，而其「正義原則」即是「社會正義原則」。[24] 阿德勒批判羅爾斯《正義論》乃是一本「被廣泛討論而且被過分誇獎的書」，他認為羅爾斯把正義等同於公平（Fairness）是錯誤的作法，因為公平僅是正義的原則之一，它既不是唯一，甚至也不是最重要的原則。

　　阿德勒質疑：如果羅爾斯的主張是正確的，正義只是追求公平，那麼謀殺、傷害他人以及毀棄信約等就都不是不正義的。因為這些行為侵犯的乃是「權利」，但並不違害「應該平等地被對待」原則。那麼什麼時候我們會用公平來理解正義呢？阿德勒宣稱唯有「無法以正義加以解釋的差別待遇發生時，公平才進入話

22　Mortimer J. Adler，蔡坤鴻譯，《六大觀念》，頁 145。
23　Mortimer J. Adler，蔡坤鴻譯，《六大觀念》，頁 147。
24　參閱戴華，〈個人與社會正義：探討羅爾斯正義理論中的「道德人」〉，收入戴華、鄭曉時主編，《正義及其相關理論》（台北：中研院中山人文社會科學研究所，1991），頁 258。

題之中」。[25]

　　不過在我個人看來，阿德勒指出倫理學中的正義超越公平內涵，這個觀點固然是對的。例如在家庭倫理中，我們並不需要特別強調公平原則，乃至某個時候放棄公平反而是更高程度善的表現。如孔融讓梨就與公平無關；閔子騫單衣順母，請求父親不要處罰虐待自己的後母，現代人可能更覺得不公平，但在家庭倫理中這反而是一種更高級的善，展現禮讓、同理、關愛等價值。

　　只是阿德勒對於羅爾斯的批評，顯然也太過嚴苛與不合理，原因在於羅爾斯《正義論》的英文名稱為 *A Theory of Justice*，正確應當翻為《一種正義的理論》而非坊間流行的《正義論》。羅爾斯謙虛地認為自己關於正義的主張只是所有正義理論中的一種，且主要運用於政治哲學中，他並無意用「公平即正義」評價政治領域外所有的行為。而在政治法律領域中，正義確實等同於公平，至少我是這麼認為的。

　　我跟羅爾斯一樣，甚不喜歡直覺主義與功利主義。根據威爾‧金里卡《當代政治哲學導論》一書的介紹，羅爾斯首要的工作，就是破除直覺主義和功利主義的迷障。他在 1971 年出版的《正義論》（*A Theory of Justice*）中指責政治理論一直在兩個極端搖擺不定：一是功利主義，一是觀念與原則的不成體系的大雜燴，即直覺主義。羅爾斯批評直覺主義不過是針對特殊問題特殊直覺的混雜，直覺主義理論有這樣兩個特徵：

　　一、直覺主義理論由若干第一原則組成，這些第一原則在處
　　　　理具體問題時可能給出相互矛盾的指令。

25　Mortimer J. Adler，蔡坤鴻譯，《六大觀念》，頁 200-202。

二、直覺主義理論不能提供明晰的方法和優先規則，用以衡量這些原則的重要性：我們只能依靠似乎最正確的直覺，在這些原則之間偶然地求得平衡。

而就算直覺主義理論能夠提供優先規則，這些規則也被認為是瑣碎的，不能在我們形成判斷時給予實質性的幫助。

直覺主義的缺點是矛盾、偶然地求得平衡，因此不能提供明晰的方法與優先規則處理問題。更因為這些準則之間的互相衝突，致使我們陷入一種不理性的評價與行事方式之中。

至於功利主義的問題則是，它雖然能夠有效處理非關基本價值的判斷，但是遇到根本性價值的衝突時，由於量化的困難或根本價值不應該被量化，例如不可為多數人的福利犧牲少數人的人權，功利主義幾乎就束手無策。

為了矯正上述問題，羅爾斯在《正義論》中提出「一般正義觀」，主張所有的社會基本益品（social primary goods），諸如自由、機會、收入、財富、自尊等都必須平等地分配，除非對某一種或所有社會基本益品的不平等分配將有利於最少受惠者。但是這種正義觀還不足以成為一種完整的正義理論，羅爾斯進一步提出「特殊的正義觀」，提供直覺主義不能給予的行為指導。他將特殊正義觀拆解為三部分，並要求我們必須根據「詞典式原則」，條列而有先後順序地予以處理，包括：

第一原則：每個人都應該有平等的權利，去享有與服務於所有人的類似自由體系協調一致的、由平等的諸基本自由構成的最大總體系。

基本自由乃指民主國家中普遍得到承認的公民權利和政治權

利，例如投票權、競選權、享有正當審判程序的權利、言論自由權，和遷徙自由權等。

第二原則又可細分為二，社會和經濟的不平等應該這樣安排，使得（a）這兩種不平等都能最大程度的增進最不利者的利益。（b）這兩種不平等所依繫的職務與地位，應該基於機會的公平、平等條件向所有人開放。

（a）原則要求社會上經濟能力與地位較高的人，都能最大程度幫助較弱勢的族群，以增進總體社會的進步，而非一味增加雙方的差距。（b）原則則強調機會平等。如此一來，一般正義在羅爾斯辭典式的優先原則補充下，構成了新的「特殊的正義觀」。羅爾斯相信它能提供我們直覺主義所不能給予的系統性指導，使公平即正義理論更具規模與完善。「特殊的正義觀」意指「當某一種不平等有利於最不利者時，這種不平等才被允許」，也就是不平等的平等觀。

引伸而言，「形式的平等」是一種有限度的善，它並不具獨立的價值位階，而是依附於更高層次的善——正義。正義的加入讓平等產生「質」的變化，並使「不平等」與「平等」被置入不同層次之中，從而解消這種矛盾的困境。如陸品妃〈不平等的平等〉一文所說：

> 與平等對立的是不平等。但是在多元民主與許多平等觀中，不平等卻常與平等主張共同出現（coincidence），這難道不是矛盾嗎？本文主張這不過是狀似矛盾罷了。為何不是真正的矛盾呢？因為當平等與不平等伴隨一起出現時，其實是有其他層次的正義概念作為衡量與統籌

的標準。加進其他價值與因素的整全性考量（all things considered），對實質平等的要求就會變得更不一樣了。既然平等與不平等既不在同一層次發生衝突，不平等主張便得以保留下來。26

正義乃是區別形式與實質平等的調節閥，透過正義理念為導向，必將捨棄「形式平等」轉而追求「實質的平等」。但儘管我們都會同意這樣的說法，問題在於正義本身就是一個模糊難辨的概念，不同的正義理論，將會影響對於平等認知的判斷。例如對於一個功利主義者而言，能夠促進全體人民最大幸福就是正義，但假如完全依賴這個標準，一種極端不平等的社會可能會就此出現。原因是弱勢者的權益極有可能被忽視，因為他們幸福的總量顯然無法與多數國民相比，因而在國家政策考量下，將永遠被放在次位層次，難以享受實質的平等對待。

五、羅爾斯的「無知之幕」

《正義論》顧名思義旨在探討民主法治社會行為依循的準則，並以正義作為價值的根本依歸。不過羅爾斯與宗教家或傳統社會不同的是，他並不將價值的根源回歸於上帝的命令或者我們內在的道德意志，而是通過人的普遍理性為前提所導出。對此，羅爾斯設計出著名的「無知之幕」情境，通過理性能力與「無知之幕」取代傳統道德、宗教誡命。

26　陸品妃，〈不平等的平等〉，《政治與社會哲學評論》第 19 期，2006 年 12 月，頁 8。

　　《正義論》中設想一種「最初地位」（original position）或「最初情境」（initial situation）的存在。在此情境中「道德人」必須在遵守某些限制，藉以制訂一套專門用來規範社會的基本結構。羅爾斯認為這套「建構程序」產生的結果（即正義原則）必定是公平、合理的。每個人都被「無知之幕」遮蔽起來。由於步出「無知之幕」後，我們都有可能成為現實情境中的任何一方，或者成為國王，或者成為乞丐。因此他在制訂規則時，必將盡力做到公平原則，以免日後自己淪為不利的一方。

　　以下我且引用現今非常熱門，桑德爾《正義：一場思辯之旅》書中，一段生動有趣的文字引伸介紹：

　　契約的道德拘束力來自兩種不同理想：自主和互惠。但是，多數的實際契約卻都沒那麼理想。如果我的對手較有談判優勢，我同意簽約可能就沒那麼自願，而是受到壓力，在極端情況可能還是被迫。如果對手比我更懂交易物，交易未必是互利。在極端情況，我可能還是上當或中了圈套。

　　現實中，人人處境不同，彼此間的談判地位與知識總是存著落差可能。只要這個可能還在，協議本身並不足以保證其公平性。因此，實際契約才不是自己自足的道德工具。「但是，他們這協議算公平嗎？」這麼問總是合理的。

　　但想像一個狀況，締約各方的權利和知識都平等，處境也相同。再想像，契約主題不是修馬桶等普通工作，而是集體生活的治理原則，是公民權利義務的界定。這樣的契約，在這樣的平等各方之間，就不會有脅迫、欺騙等等不公平優勢的空間。這樣講出來的條件，無論是什麼條件，光憑協議本身就足以構成正義。

如果你能想像這種契約，你就已經領略到何謂「平等初始狀況的假想協議」。「無知之幕」確保初始狀態所必備的權利平等與知識平等。「無知之幕」讓人人皆不知自己的社會地位、長處短處、價值觀、人生目的，當然就不讓任何人可以利用優勢，自覺或不自覺地，談出比較有利的條件。

如果大家對人生細節略有知曉，其結果就會受到各種任意偶然所左右，而面向不公……如果原始狀態是要達成正義協議，各方就必須處境相等，受到同是道德人的平等對待。人間世的任意性必須有所矯正，藉由初始締約狀況的調整。

諷刺的是，「無知之幕」背後的假想協議並非實際契約的蒼白版，道德約束力並沒有比較弱。正相反，它應該是實際契約的純粹版，因此道德約束力反而更強。

「無知之幕」背後

假設羅爾斯是對的：思考正義的方式就是自問，在平等的初始狀況，在「無知之幕」背後，我們會怎樣選原則。這樣，會選出怎麼樣的原則呢？

根據羅爾斯，我們不會選出功利主義。在「無知之幕」背後，我們不知道自己在人海中將如何浮沉，但是卻都想追求人生目標，並受到尊重。如果成為族裔或宗教少數的一員，我們會不想受到打壓，即使這會帶給多數快樂。一旦「無知之幕」拉起，展開現實人生，我們不想發現自己成為宗教迫害或種族歧視的受害者。為了防患未然，我們會拒絕功利主義，並同意接受全民皆享有某些基本自由的平等原則，包括良知自由與思想自由。我們會堅持把這個原則看得比全民福祉最大化更優先，不會為了社經利益而犧牲基本權利，基本自由。

　　至於社會與經濟上的不平等，我們會選出什麼原則來規範？為免發現自己淪為赤貧，第一眼我們可能會偏好平均收入，均貧富。但隨後就會想到，也許我們還可以更好，及連社會最底層也可以。假設存有某些不平等，例如允許醫師薪酬比公車司機高，這樣搞不好可以改善社會最底層的生活，讓窮人有更好醫療之類的。只要承認有這種可能，我們就會採取羅爾斯所謂的「差異原則」：唯有可為社會最底層帶來利義的社經不平等是可被允許。27

　　「無知之幕」是個非常有意思的假設，與東方道德傳統有著迥然不同的思考模式，更類似賽局理論的運作，也就是不討論個人的道德觀點與實踐力，而是從人的理性，但又加入自利的人性考量出發立論。羅爾斯的想法是：現實中的我們先天具有不同想法、身分、利害衝突關係，勢必難以找到客觀的立場。但假如我們能夠把自己隱藏到「無知之幕」背後，例如在制定社會福利政策時，我的身分完全空白且作為一名立法者，由於我可能是富有的企業大亨，在辛苦白手起家、賺得豐厚家產的同時，並不希望這個政府對我抽取高額稅金；但我也可能是一名三級貧戶，亟待政府的社福補助。反覆思考，最後我將得到一個公平而折衷的決定，讓走出「無知之幕」背後的我，無論是身分是乞丐、富豪、或更大可能的中產階級，都能有一個最小傷害、最大利益、最終公平的生存環境。

　　我之所以這麼做，並非我有過人的同情心、超越的宗教信念（羅爾斯不想以此作為基礎），而是因為我有理性，致使我願

27　邁可·桑德爾，《正義：一場思辯之旅》（台北：雅言文化，2011），頁170-172。

意作出這樣的決定。以此觀之《正義論》的寫作目的，雖然在取代功利主義的政治主張，但同功利主義一樣羅爾斯承認人類具有自利的本能，重點是要伴隨理性。這使羅爾斯不同於東方道德傳統，反而一定程度承認功利主義對於人性自利的觀察。

六、道德、法律與公民不服從

　　法治社會所稱之法，非特指任何一部法典或法條，而係形式規範背後投射的意義，[28] 法律則是一種涉及價值的現實規範總和，同時包含實體性價值，故有「普遍、先驗」特質。20 世紀德國著名法哲學家拉德布魯赫（Gustav Radbruch，1878~1949）在其《法哲學》一書中指出：

> 我們把法律規則的本質總結為，具有實證的與同時也是規範的、社會的一般的本質的規則，且在這個意義上，把法律確定為人類共同生活的一般規則的總和。
>
> 定義不能從單一的法律現象中歸納出來，而是要從法律理念中推導出來。它的本質不是法學的，而是「先法學

28　顏厥安在〈中國法制史與其他法學課程之關係〉一文云：「法是一些法規範的集合，而規範則是那些可經由『應然語句』所表達的意義或內含。語意學的規範概念區分了規範以及規範的表達兩個層次。法規範並不是文字、法條、裁判或公園湖畔寫有禁止游泳的告示，而是這些媒介所表達的意義。也就是說法律並不是我們可經由肉眼，經由感官所直接感知得對象，而是一些意義，一些內容，一些存在於腦中之觀念的集合所以並不是只有文字可以表達法規範，手勢、燈號或記號都可以表達法規範。……而所有這些文字符號都只是表達規範的媒介，規範則是藉由這些媒介所表彰的意義與觀念。法規範也不例外。」參閱《法與實踐理性》，頁 86。

的」（vorjuristisch），也就是說，是處於法律科學關係中
的先驗本質。法律概念不是一個平常的、偶然的一般概
念，而是一個必然的一般概念，並不是因為單一法律現
象能夠被歸入法律，法律才是法律，而是恰恰相反，是
因為法律的概念包含了法律現象，法律現象才是「法律
的」現象。[29]

又

法律的概念是一個文化價值，也就是說是一個涉及價值
的現實的概念，是一個有意識服務於價值的現實的概
念。法律是一個有意識服務法律價值與法律理念的實
現。因此，法律概念直接指向了法律理念。[30]

　　傳統法律史或法思想史，研究範圍多半限定在刑罰、律令
與制度層面。人們也多自覺或不自覺將道德與法律置於矛盾關係
中，並以公共秩序作為法之最高價值。事實上，秩序只是法的次
位價值，其更核心指向者，乃是社群共同信念的實踐。這意味在
法理念落實為實證規範前，不但不與道德對立，反而密不可分，
具有高度繫連性。更多時候道德乃是法律訂定階段的指導原則，
而為確保實體正義得以實現，程序法如《刑事訴訟法》、《民事訴
訟法》自然不會只有單一、片面的規定，它將設置各式補充、排
除條款，避免因為彈性空間不足，反而限制實體正義的伸張。

　　法理念處於立法討論階段時，它與道德具有「因果」與「位

29　拉德布魯赫，王樸澤譯，《法哲學》（北京：法律出版社，2005），頁 35。
30　拉德布魯赫，王樸澤譯，《法哲學》，頁 31。

階」關係，差別在於，若干道德理念經過篩選形成實證規範後，它就由道德信念層次躍升至法規層次，具有絕對與排他效力。其餘未進入法體系者或者通過「不確定法律概念」保留運作空間，如《民法》第 72 條規定：「法律行為，有背於公共秩序或善良風俗者，無效。」「善良風俗」即是一個必須通道德評價的不確定法律概念；又如《民法》帝王條款 148 條第二項規定：「行使權利，履行義務，應依誠實及信用方法。」「誠實信用」概念同樣隸屬道德判斷範疇。

　　別除上開情形，其他時候道德自然不當恣意干涉法律運作，以免破壞法的尊嚴與效力，致生阻礙公平正義實現的悖謬困境。也因此法律雖與道德有別，面對同樣狀況，卻有可能運算出相同答案。即便不同，許多時候也非價值對立之「規範衝突」，而係輻射效力不同之「規範競合」。

　　倫理規範與法治社會既然都以「人」為價值主體，則過去以為「公共秩序」乃是法治社會追求之最高價值的論點，顯有修正必要。蓋以「秩序」為法律最高價值，不僅容易陷入價值單一化危機，更有可能因為對於「秩序」的追求，回頭取消法自身，成為極權政治的思想溫床。這個論證也將導出一個弔詭卻又合理的結論：基於高度反省意識或道德良知所生之違法行為，反能健全法體系自身。反之，絕對的守法行為，如納粹執政時期軍人依法屠殺猶太人、德國人民依法檢舉自己親人，則是對於法體系的最大戕害。從這點看來，傳統倫理道德甚至具有積極提醒與修正法治社會走向的功能，近年來不斷被深化討論的「公民不服從運動」，恰恰好可以作為此說註腳。

　　所謂「公民不服從」（civil disobedience）乃指公民根據自己

的政治立場、宗教理念、道德信念，通過非暴力方式，公開拒絕服從某個法律，自願承擔懲罰的社會行為。如謝世民先生所說：「公民不服從者違法的動機是基於他們的道德觀、正義感和他們對於公共利益的重視。因此，一般犯罪者並不是在抗議法律本身，這代表他在違法的時候，知道自己的行為是錯的，對於法律的懲罰他並不抗議。」[31]

此一運動由來已久，1848 年美國作家梭羅（Henry David Thoreau, 1817-1862）即以〈論個人與國家的關係〉為題，公開闡述「公民不服從」理念。梭羅反對美國當時蓄奴制與侵略墨西哥行為，認為這是國家不正義之舉，因此拒絕向麻州政府繳納人頭稅，梭羅本人則是為此入獄服刑。

羅爾斯在其《正義論》第六章中也做出許多論述，他將「公民不服從」定義為「公開的、非暴力的、既是按照良心的又是政治性的對抗法律的行為」，[32] 並表述為一種「道德權力」。「如果正當的市民不服從看上去威脅了公民的和諧生活，那麼責任不在抗議者那裡，而在那些濫用威權和權力的人身上，那些濫用恰恰證明了這種反抗的合法性。因為，為了維持明顯不正義的制度而運用國家的強制機器本身，就是一種不合法的力量形式；人們在適當的時候有權反抗它。」[33]

辭世不久的美國著名法學家德沃金（Ronald Dworkin, 1931-2013）對於「公民不服從」也有許多精闢論證，他在《認

31　謝世民，〈公民不服從〉，《思想》第 25 期，2014 年 5 月，頁 3。
32　John Rawls，黃丘隆譯，《正義論》（台北：結構群，1990），頁 356。又參閱陳宜中，《當代正義論辯》（台北：聯經，2014），90-94。
33　John Rawls，黃丘隆譯，《正義論》，頁 382。

真對待權利》一書中，以政府應當如何處理那些出於良知，而不服從徵兵法之人為例，說明「公民不服從」對於司法的影響和作用，德沃金認為：

> 在公民不服從案件中，有疑問的法律絕不特殊或奇特。剛好相反。至少在美國，相當數量的人們會想基於道德立場而反對的任何法律，在憲法上幾乎也都有所疑問——如果不是顯然無效。憲法使我們的慣例性政治道德跟效力問題相干；任何看似有損於那項道德的制訂法，都會引發憲法問題，而如果有嚴重的損傷，憲法的疑問也會是嚴重的。[34]

> 政府應該怎樣對待那些出於良心而違反徵兵法的人？許多人認為答案很明顯：政府必須追訴異議者，如果他們被定罪，政府就得懲罰他們。……但因「政府相信某人犯罪，所以必須追訴他」這樣主張，比表面上看起來的更無力。如果政府寬恕所有的不服從，社會將「無法忍受」；然而，這並不表示，也沒有證據證明，社會將因為容忍某些不服從而崩潰。在美國，檢察官有就具體個案決定是否執行刑法的裁量權。[35]

> 公民們忠誠的對象是法律，而不是任何特定人關於「法律是什麼」的觀點，只要他基於自己對於「法律規定了什麼」所抱持的、經過考量且合理的觀點而行止，他的

34　Ronald Dwokin，孫健智譯，《認真對待權利》（台北：五南，2013），頁305。

35　Ronald Dwokin，孫健智譯，《認真對待權利》，頁303-304。

行為就沒有不當之處。讓我重複（因為這是關鍵）道：
「這跟『個體可以無視法院的宣示』這種說法是兩回
事。先例拘束原則近乎我們法律體系的核心，除非賦予
法院以它的判決改變法律的一般權力，否則沒有人能合
理地試著遵守法律。但如果問題觸及基本的個人權利或
政治權利，而最高法院的對錯還有爭議，拒絕把那項判
決當成結論的作法也是人們的社會權利。」[36]

我的一般結論──我們對出於良心而違反徵兵法者負有
責任，我們不必起訴他們，而毋寧要改變法律或修正我
們的定罪程度以包容他們──會令某些法律人感到驚
訝。在專業與公眾的想像中，「犯罪必須被懲罰，誤判法
律者必須承擔後果」這樣簡單的德拉古式命題有著出乎
意料的影響力。但法治比它更複雜也更明智，他的存續
才是重要的。[37]

　　從梭羅反對蓄奴到美國公民因反對越戰而拒絕徵兵，許多
「公民不服從」案例都是道德良知與法律規範的衝突，如同德沃
金所說「在公民不服從案件中，有疑問的法律絕不特殊或奇特。
剛好相反，至少在美國，相當數量的人們會想基於道德立場而反
對的任何法律，在憲法上幾乎也都有所疑問─如果不是顯然無
效」。事實上，今日美國《憲法》已大量將道德與法律有效性連
結在一起，可證民主法治社會不但不排擠道德，反而積極尋求合
作空間。在我看來，道德之於法律，也將產生下列兩大功能：

36　Ronald Dwokin，孫健智譯，《認真對待權利》，頁 313-314。
37　Ronald Dwokin，孫健智譯，《認真對待權利》，頁 323。

（一）法律價值與制度引導功能

傳統道德影響現行法律設計或判決的例證甚多。以殺害父母為例，美國法律區分一級謀殺罪、二級謀殺罪。在特殊情形下，謀殺對象為警員、法官、政府官員、消防員、證人、多重謀殺、折磨或極度可憎的謀殺等行為屬於一級謀殺；其餘過失致人於死或普通殺人罪屬二級謀殺，殺害直系尊親屬不在一級謀殺對象之列。[38]

我國《刑法》因受傳統孝道與仁義思想影響，對於殺害尊親屬行為乃特別加重懲罰，《刑法》第 271 條「普通殺人罪」原本規定：「殺人者，處死刑、無期徒刑或十年以上有期徒刑。」《刑法》第 272 條「殺害直系尊親屬罪」則加重其刑為：「殺直系血親尊親屬者，處死刑或無期徒刑。」又由於儒家重視仁義思想，《刑法》第 273 條「義憤殺人罪」特設規定：「當場激於義憤而殺人者，處七年以下有期徒刑。」以此保障「義」的價值。有趣的是既云「義憤」，自不得以自己利益為考量，然而過去判例又

---

38 「美國大多數州把謀殺罪分為兩級，對謀殺罪分級的目的在於，對一級謀殺罪判處的刑罰比二級謀殺罪更為嚴厲，對一級謀殺罪判處的刑罰，通常包括死刑（在保留死刑的州），對二級謀殺罪判處的刑罰，通常包括終身監禁，但不處死刑。在對謀殺罪劃分等級的州，一級謀殺罪包括兩類謀殺：（1）預先惡意預謀的謀殺〔murder with malice aforethought〕；（2）在實行特定種類的重罪過程中發生的重罪──謀殺〔felony-murder〕，此特定種類的重罪僅限於放火、強姦、搶劫、破門入戶或綁架等五六種暴力犯罪。有一些州把具有某些特定情節的殺人列為一級謀殺罪：用特定的殺人手段，如投毒殺人、伏擊殺人、折磨殺人；或在特定的地點，如在監獄或看守所裡殺人；或對特定的對象，如殺死正在執行職務的警察。」參閱高點法律網「murder in the first degree」條，網址：http://lawyer.get.com.tw/Dic/DictionaryDetail.aspx?iDT=65197。

將被告因撞見妻子與人通姦而起之殺人行為列入義憤範圍。[39] 凡此種種，都是現代法律吸納傳統道德價值的例證。

（二）價值反思與體系強化功能

德沃金認為「公民不服從」並非意指政府可以任意免除不服從者所應承擔的法律責任，而是政府可以從此事件中，在政治、法律層面得到改進與啟示。也因此在德沃金看來，「公民不服從」不僅不會帶來反對者擔心的社會解體與國家分裂危機，或法律適用上的不公平；相反的，這個行動將不斷逼使國家思考法律的正當性，並在憲法層面儘量深化正當性與內涵。這並非說法律一定要屈服於道德或部分人的良心行動，不過在可以的情形下，德沃金主張國家或許不需要起訴這些人，而毋寧改變法律或修正定罪程度以包容他們。

同樣的，許多道德挑戰法律的案件，並非像我們想像的不可忍受，其反思效益或許遠遠超過可能引起的人們對於法律效力的懷疑。儘管它在某些實體法規上有所違反，但是帶出的反思與改進，反而有效強化法的本質意義。人們在其中看到的，不是對於

39　關於「義憤」，通說認為必須基於正義的憤怒，由個人利害關係所生之憤怒如債務糾紛等不當稱為「義憤」。然因受到傳統家庭倫理價值觀影響，最高法院刑事判例 33 年上字第 1732 號，乃將因目睹通姦而行殺害行為列為「義憤」範疇，可見道德概念對於法律體系影響之深。如 1732 號云：「刑法第二百七十三條之規定，祇須義憤激起於當場而立時殺人者，即有其適用，不以所殺之人尚未離去現場為限。被告撞見某甲與其妻某氏行姦，激起憤怒，因姦夫姦婦逃走，追至丈外始行將其槍殺，亦不得謂非當場激於義憤而殺人。」反推可知若非「追至丈外始行將其槍殺」，則得列入義憤殺人之疇。

法律的挑戰與否定，而是其為保障核心價值所做的犧牲，反而有利社群結構與秩序的強化。

（三）仿效性弱化功能

有人可能擔心，假如道德可以對抗某些個別法規，是否將會引起大眾仿效，乃至恣意標舉道德之名而行中飽私利之實。事實上這是一個過度的擔心，由於「公民不服從」付出的代價非常巨大，行為人必須接受法律的懲罰，乃至忍受抗爭各種嘲笑與惡劣環境，因此很難成為一種普遍現象。如同德沃金提出的論證，許多人認為政府必須追訴異議者，如果他們被定罪，政府就得懲罰他們。如果政府寬恕所有的不服從，社會恐將「無法忍受」這種衝擊，德沃金認為這是一個過度且無謂的擔心，法律實證發展已經證實了這一點。

同樣的，如中國傳統社會受到《春秋》九世復讎以及《曲禮》「父之讎，弗與共戴天」思想的影響，歷來確實出現若干孝子復讎，手刃仇人乃至執法人員的案例，唐代柳宗元〈駁復讎議〉一文，可以視為箇中代表作。根據〈駁復讎議〉記載，武則天朝有孝子徐元慶為復父讎，手刃當時執法人員趙師韞。嗣後徐元慶不僅未行逃脫，並反而束身歸罪，請求國家制裁。

朝廷對於這個案件陷入兩難境地：假如輕放乃至表揚徐元慶，則恐怕法律威信難以保全；然而帝國以孝治天下，並以經教作為倫理價值安立的根源，倘若處死徐元慶，又與經教相違背，最後朝廷乃採諫官陳子昂「殺之且旌之於閭」的折衷辦法處理。但無論「手刃執法人員」這個行為得到社會讚美或批判，我們並

未在文獻上發現人們因此喪失對於法體系的信任與服從。由此可知，因正義或道德理念而行公民不服從的代價匪淺，在確保法治社會核心價值不致遺忘扭曲之時，反而具備仿效性弱化功能，實是利大於弊之舉。

以上簡述道德與法律之間的若干關係。法學與倫理學彼此擁有悠久深厚的傳統，想要在一章之中帶過，不要說是細論，即便是鳥瞰簡介都有困難。因此我們除了簡單回顧自然法與實證法的幾個基本走向外，也只能就現代公民社會最常接觸到的幾個概念進行介紹。其中羅爾斯的正義主張不僅為世人所廣知，也是我認為最能讓人接受的一種法政主張。正義論既不走內在道德理性路線標舉正義，避免世人質疑有道德至上之嫌，但又通過人的思想理性，以「無知之幕」的論說，讓人思考正義價值仍然優先於純粹規範意義，避免死守法條的可能。

從這點來看，我們仍然可以在不混淆道德法律的情形下，讓道德成為架置法治社會最好的媒介。換句話說道德不是法律的敵人，也不需要通過「凌駕」的方式即能有效指導法治社會的運行。當然，最終不得已的時候，法治社會仍然開許了最後一道門，也就是一個人基於他的道德良知信念，具有公民不服從的正當性。這是一個違法的行為，因此他必然且要主動接受法律的制裁。但是通過公民不服從，行使者在違反「這個」法律的同時，也捍衛了整個法體系。有如施打疫苗一樣，固然讓人產生不適反應，但更長遠來看，實則有助於身體健康。在此，道德、法律、公民不服從仍然可以取得平衡點。孔子「和而不同」的理念仍是今天法治社會最重要原則之一，也是顛撲不破的智慧洞見。

〔閱後再思考〕

1. 在廝殺激烈的戰場上，長官下命要求士兵處決一批戰俘，以減少糧食支出與所要浪費的看管人力，儘管戰俘沒有任何反抗的可能。假如你是那名士兵，你認為應該要服從長官這個違反國際公約的命令嗎？理由何在？

2. 在大學經營辛苦的年代，你贊成在不影響原有考試入取名額前提下，額外開放透過捐款贊助校務基金方式，讓另一些人以保障方式入學嗎？為什麼？這會是否會影響公平正義原則？

3. 推薦觀賞電影：亨利・方達主演，《十二怒漢》（ *12 Angry Men* ），1957 年上映。

第八章

意義與規範（二）
儒家法政哲學的現代性意涵表現

〔閱讀前思考〕

1. 什麼是柔性權力？什麼又是軟實力？你認同這樣的主張嗎？

2. 儒家強調王道文化，通過以德服人方式達成天下的穩定和諧。
   這個古老的主張，是否能在今天民主社會中找到相呼應的概
   念？王道政治真有在歷史上實現過嗎？

3. 就你過去所學的《論語》、《孟子》學說中，你認為儒家思想在
   現代社會中是否還有存在價值與合理性？如果有的話，請舉例
   說明。

一、柔性權力與儒家王道文化[1]

　　Soft Power 譯為柔性權力或軟實力，係指一種吸引別人注
意，從而遂行自己意志的特質。它揚棄了傳統以武力宰制他人
的方式，轉而透過文化優勢，實現自己的利益。2001 年 9 月 11

---

[1] 本段可參考陳弘學，〈文德來之：關於「柔性權力」以及《贏在軟實力》
一書的反思〉一文，該文同時獲得 99 年度海岸巡防署專書閱讀寫作第二
名、99 年度國家文官學院「全國公務員專書閱讀心得寫作比賽」佳作。

日，回教激進組織蓋達針對紐約市發動恐怖攻擊，透過脅持民航噴射客機的方式衝撞雙子星大樓，造成 2,993 人死亡、6,291 人受傷。此舉不僅重創紐約市，更打敗了美國本土不受威脅的神話，開啟美國人的恐怖意識。

正如《易經》所說「履霜堅冰至」，這些衝突並非偶發案例，而是美國與中東國家長期於文化、政治、經濟各領域糾葛所造成。在此之前，其實早有許多學者對此提出警告，遺憾的是在自身利益考量下，美國仍然延續以自身利益為最高目的的政策。彷彿一塊往下翻滾的巨石，雖然人人都已預知到危險，但是誰也沒有能力讓它停下來。

九一一的悲劇釋放出了兩股力量：一方面在民氣可用情形下，美國政府採取更強硬的軍力手段，大量擴張軍事與國安力量，乃至發動舉世反對的伊拉克戰爭；另一派相反意見則認為，美國不應該再採取單邊主義，而須與國際社會進行更密切的合作，如此才能保有大國不墜的地位。其中又以約瑟夫・奈伊（Joseph S. Nye, Jr.）柔性權力之說更引人注目。

奈伊乃哈佛大學教授，曾於柯林頓主政時期擔任國家情報會議主席以及國防部助理部長。早在 1990 年，奈伊即於《責無旁貸的領導：變遷中的美國權力本質》一書中提出「柔性力量」的概念。後更以此為基調於 2001 年出版《美國霸權的矛盾與未來》；2004 年正式出版《柔性權力》一書。什麼是柔性力量呢？奈伊說道：

> 我所謂的柔性力量究竟何指呢？可以用來說服其他國家改變行為的軍事或經濟力量，都是屬於硬實力的例證，它們同時有賴於誘因（胡蘿蔔）與威脅（棒子）的組

合。

然而，權力的運用其實還有另一條間接路線；亦即某個
國家若得以在國際政治中獲致其所欲結果的話，也可能
是由於其他國家願意追隨它，欽慕其價值觀，學習其
發展歷程，或渴望達到與其相同之繁榮與開放程度的緣
故。……

這種使他人與你目標一致的能力，也就是我所謂的柔性
力量。其重點在於籠絡，而非強制。

然而在今天，權力的基礎已不再側重於軍事力量。正如奈
伊自我調侃的，美國人或許感到遺憾，同樣屬於世界第一武力強
權，蒙古帝國可以為所欲為，然而在資訊革命與全球化的影響
下，致使美國很難獨立指揮國際事務的進行。因而在領導之外，
美國更需要學習如何去分享，也因此國家在伸展意志的同時，必
須轉向重視柔性力量。[2]

（一）柔性權力與王道思想異同比較

儘管在今日美國獨強的年代，奈伊的主張別具反省意義，但
是從其思想根源流露出來的，仍是某種強權論的思維。原因在於
奈伊所以提倡柔性權力，並非柔性權力本質是道德的，而是因為
柔性權力乃目前社會型態中，美國能夠獲取利益的最佳模式。

這點無疑讓柔性權力更像是一種工具論主張，因而減損原本
的謙卑美意。著名的評論家南方朔先生也注意到這點，他在《柔

2　Joseph S. Nye, Jr.，蔡東杰譯，《美國霸權的矛盾與未來》（新北市，左岸文
化，2002 年），頁 93。

性權力》一書導讀中說：

> 「柔性國力」作為一個互補性的概念，當然比動輒訴諸
> 武力的窮兵黷武好了太多。只是當我們在肯定『柔性國
> 力』這樣的概念時，必須警覺地體會到，它在本質上乃
> 是一種策略性的、手段性的概念。它仍是一種支配性的
> 手段，只是手段上變得溫和而已。但以美國為中心的支
> 配性仍是它的核心。……無論美國或中國，當他們在談
> 到這個問題時，皆明言或不明言的，有著自我中心的色
> 彩。奈伊的「柔性國力」仍是一種支配的手段，中國古
> 代所謂的「王道」不也相同嗎？[3]

　　南方朔先生這段分析極具深刻性，也點出了西方文明的根深
蒂固的功利價值取向思維。然而他在文章後面，將柔性權力與王
道思想歸於同類，這點我卻有不同的意見。

　　不可否認，在文化心態與政治手段上，中國歷來的確有著強
烈的自我中心色彩，這是任何一個文化體不可避免的現象，甚至
是歷史發展的必然。但是回歸本質面，則儒家「王道論」乃立基
於道德之上，這點實是它與柔性權力根本的差別所在。

　　道德乃以自我實踐為目的，拒絕成為任何利益的考量的手
段，是以就個人而言，孔子宣稱「志士仁人，無求生以害仁，
有殺身以成仁」（《論語‧衛靈公》）；就國家利益來看，則孟子認
為「行一不義、殺一不辜而得天下，皆不為也」（《孟子‧公孫丑
上》）。換句話說，一個行為即使結果是好的，但如果手段不正

3　Joseph S. Nye, Jr.，吳家恆譯，《柔性權力》（台北，遠流，2006），導讀。

義，仍然應該被捨棄。這個堅持使得王道論必然排斥霸道思想，乃至反對妥協式的「王霸並用」論。

表面看來，孟子的王道思想似乎不切實際，甚至頗為迂腐，甚至孟子本身不可避免也有強烈的文化中心思想，例如在許多些辯論場合，他也會視他人為蠻夷戎狄，以中原禮樂文化為最高標竿。（如《孟子・滕文公上》：「今也南蠻鴃舌之人，非先王之道，子倍子之師而學之，亦異於曾子矣。」）但正如我們常說的「取法乎上，僅得乎中；取法乎中，僅得乎下」，放寬歷史的視界，王道思想隱隱然發揮它對權力的制約作用，在「道德」的牽制下不致步向社會達爾文主義之途。乃至與西方文明相比，中國文化顯得更少侵略性，而展現出更大的包容。

關於這點，稍後我們會有詳細的說明，我比較好奇的是，如果因為奉行柔性權力會讓美國成為一個讓人喜愛，但卻退位為非強權國家，那麼奈伊是否仍然堅持這個主張？就「殺一不辜而王天下不為」的王道論而言，毫無疑問我們仍應該這麼做，只因為它是對的。但是從工具論的角度來看，既然柔性權力已經無法達成它要完成的目的，自然應該被捨棄。

這是「王道文化」與「柔性權力」最關鍵核心的差異。但假如不能放棄利益計算的根本立場，回歸道德優位考量，那麼柔性權力的口號無論多麼美好動聽，都會顯得脆弱不堪。它更像是酒足飯飽者對於路邊乞者的施捨，在行有餘力時，人們也許還會不吝隨手的捐獻；但只要遇到困難，類似的高貴行為很快就會中斷，而一切關於柔性權力的論述，終究會墮回到硬實力的層面考量。

（二）「柔性權力」及「軟實力」譯名比較

　　通過對於柔性權力內涵的剖析，一個關於譯名的問題也就越發顯得有趣。奈伊在英文中所使用的原文是「soft power」，根據英文的直譯，應當譯為「柔性權力」或「柔性力量」，事實上這也是中譯本所採用的譯名。然而更多人採取新加坡的「軟實力」譯法，兩者看似沒有差別，但若仔細分析，則可發現其中微妙的地方。

　　與「實力」相比，「權力」一詞無疑更具某種主動性與積極性。權力意味對於他人具有某種掌控能力，古人以「勢」一詞稱之，如《管子》所謂「人君之所以為君者，勢也；故人君失勢則臣子制矣」（《管子·法法》）。君主所以能夠指揮臣下，並非個人特別的優異，而是在於他具備了「君位」之勢，因而享有主宰他人行為的正當性。也因此權力關係存在於兩個具有上下、強弱位階的個體，至於在平行關係中，則無權力掌控的問題。

　　然而實力則不然，實力是一種內蘊的、無侵略性的狀態，它是自己勝出他人的條件，但卻不意味我有掌控他人的權力。它至多積極表現出自己的優點，但卻無法取得掌控的正當性。是以實力存在平行的個體間，例如甲、乙兩人同時爭取某一職務，如果甲具有更完整的經歷與能力，我們會稱甲具有獲得職位的實力，卻不會稱甲具有獲得這個職位的權力。

　　無論是從英文直譯或者奈伊的立意來看，「柔性權力」都是對於「soft power」比較貼切的譯名。奈伊不僅要求美國「被看到」、「被選擇」，更要求美國「去影響」、「去改造」。有如空氣的冷熱對流一樣，柔性權力是種由上而下的對流活動，而美國無疑

就扮演了輸出的角色。這點正是奈伊之所以將其著作命名為《責無旁貸的領導：變遷中的美國權力本質》原因所在。在他看來，維持美國的霸權領導，乃是一項「責無旁貸」、「當仁不讓」的任務。

相形之下，「軟實力」的譯法，雖然無法表現「soft power」的神韻，卻更貼近儒家王道思想，一種透過文化與道德，內斂靜默的強大力量。

（三）中國文化中關於柔性權力的論述

1.孔子：國家應當透過文化與道德，吸引遠人的歸附

魯哀公時期，季康子專擅魯國政權，顓臾乃當時忠於魯君的附庸國，為了擴張自己的勢力，季康子於是計畫攻打顓臾。孔子學生冉有、季路為季氏家臣，某日他們拜訪孔子，並將此事告訴孔子。其中談到季氏所以要攻打顓臾，原因在於顓臾的城牆非常險固，且與季氏領地費邑接近，如果不儘早攻取，將來必定會成為子孫的後患。

孔子於是告訴冉有：一個國家不怕資源稀少，而怕資源分配不均；不怕貧窮，而怕社會不安定。只要資源分配平均，社會安定和睦，國家哪裡會有傾覆的危機。假如做到這樣的地步，而遠方的人仍然不順服自己，我們就應修整文化與道德以感召他們，使他們主動親附，如此才是治國的正道。今天你們兩人輔佐季氏，既不能讓遠方的人歸降順服，還打算在邦國之內發動戰爭，我恐怕季孫氏的憂患不在顓臾身上，而在自己的家門之中。

這是《論語》中少數的長篇，一方面它點出了春秋時期權力

者相互併吞的情形；一方面孔子也指出，君子立身政治中所應承擔的責任與分際。至於其中「遠人不服，則修文德以來之」的主張，則可能是世界上最早關於「軟實力」的宣言。

什麼是「文」呢？在孔子的理念中，文即是文化，也就是周公創建的「周禮」，一種以「道德實現」與「人文化成」為依歸的價值體系。

孔子並非一個拘泥禮制之人，他清楚理解到，禮儀的重點不在古今之別，而是禮的形式是否能夠正確有效激發內在道德情操，讓自己在儀式中得到精神的昇華。因此過分而矯情，鋪張而浪費之禮固然應當被捨棄（《論語・先進》：「子曰：先進於禮樂，野人也；後進於禮樂，君子也。如用之，則吾從先進。」又《論語・子罕》：「子曰：「麻冕，禮也；今也純，儉。吾從眾。拜下，禮也；今拜乎上，泰也。雖違眾，吾從下。」）；但是單純放任本性，缺乏外在客觀規範的引導，也會讓人成為一個「質勝文則野」的粗鄙之人（《論語・雍也》）。這兩種都不是健康的型態，我們應當採取文質彬彬的中庸之道。執政者的任務，即是透過風行草偃的優勢示範作用，對內教化人民，對外吸引他國親附，造就一個和諧而有秩序的社會結構。

什麼是「德」？西周早期所謂的德，乃指一種擁有土地與人民，同時能夠加以安撫照顧的政治概念。[4] 其後「德」的概念逐漸擴大，成為一種具有普遍意義的價值準則。是以「德」的意義很廣，它既是國家施政目的，同時也是個人行為的依歸。

在孔子所處的時代，它代表了忠、恕、孝、敬等價值；表

4　參閱杜正勝，〈傳統家族試論〉，《大陸雜誌》第 65 卷第 2 期，1982。

現在國家層面，則是教化臣民，和睦邦國，發揚禮樂、寬厚薄刑等政治主張。轉換成今天的術語，則「德」不僅指稱上位者個人的道德修養，同時更是一國的「立國精神」。因為時代背景的差異，孔子對於「立國精神」的認知，必然與我們大不相同。孔子理解的立國精神，乃是禮樂教化、仁恕寬厚的民本思想；而憲政體制下的立國精神，則是人權、自由、平等的民主理念，這是時空環境影響下的必然，既不足為奇，也無須比附。

重點在於，孔子與我們顯然都同意：一個國家的成立，必須具備一種內在而又超越的價值，它讓一個國家偉大，也讓人民的犧牲變得有價值。這是孔子「遠人不服，則修文德以來之」一語所要表達的真諦，直到今天仍有不朽的價值。

2. 孟子：國家應當推行社會福利與救濟制度，吸引天下的親附

以孔子思想承繼者自許的孟子，同樣也承繼了孔子不遇的命運。他風塵僕僕於各國之間，宣揚仁心仁政與王道主張。孟子見梁惠王並非他遊說諸侯的第一站，卻被編排在《孟子》首章，因為孟子政治思想的精華，幾乎都包含在他見梁王的幾次對話中。

如在某次會面時，梁惠王不禁感嘆，認為自己對於國家治理已經盡到最大努力，「察鄰國之政，無如寡人之用心者」，然而「鄰國之民不加少，寡人之民不加多」，他忍不住向孟子抱怨原因究竟何在。善於辯論的孟子於是利用這個機會，以「五十步笑百步」之喻告訴惠王，想要稱王天下非常容易，只要愛護百姓（仁心），同時做好社會福利與救濟工作（仁政），使民養生送死而無憾，如此就是王道的開始。

王天下與霸天下不同，它放棄以武力擴張自己的方式，轉由

強化社會福利與道德認同，使自己成為國際的領導者。在孟子的政治藍圖裡，王道係以仁政為基礎，仁政又以仁心為前提。孟子肯定每個人都有四端的本善之心，只因後天權力物欲影響，遮蔽我們本然的良善之性。處於虎狼相爭，爾虞我詐的戰國時代，孟子之說相對迂腐高遠，可想而知孟子很難受到諸侯重用。但是孟子個人的不遇，卻絲毫無損於王道思想表現出來的理性光芒。

孟子再三強調，君王想要王天下必須重視三件事：一是以仁心治國，讓國家具有超越性的理念在其中，一如美國標榜民主自由；二是廣行仁政，建立良好社會福利救濟制度，使天下之人樂於依附，一如加拿大完備的社會政策。第三則是實施教育，建立人民普遍道德意識，讓禮樂教化深入於人心。

孟子所提的這三項作為，都是今日歐美先進國家發展的主流，也正如孟子所說：「今王發政施仁，使天下仕者皆欲立於王之朝，耕者皆欲耕於王之野，商賈皆欲藏於王之市，行旅皆欲出於王之途，天下之欲疾其君者皆欲赴訴於王；其若是，孰能禦之」（〈梁惠王上〉）。一個國家如果能夠做到讓天下的商人都來自己這裡投資做生意，乃至尋求政治庇護或進行國際仲裁，那麼它的軟實力實已發揮到淋漓盡致的地步。可想而知，其意志也將無遠弗屆地推展出去。

3. 孫子：國家應該利用謀略及外交，達成戰略目的與需求

如果將柔性權力理解為一種軟性但卻希望積極影響他人的力量，那麼我們就不得不考慮，處於對立關係的雙方，是否還有避免使用武力，卻能施展自己意志的可能。在這方面，春秋末期軍事家，也是世界第一位戰爭理論大師孫武，在其所著《孫子兵

法》中，無疑提供了我們極佳的解答。

在孫子看來，能夠避免使用軍事手段而達到軍事目的，才是真正的用兵上策。他在《孫子兵法・謀攻篇》中開宗明義說道「用兵之法，全國為上，破國次之；全軍為上，破軍次之」，又云「是故百戰百勝，非善之善者也；不戰而屈人之兵，善之善者也」。

那麼什麼方式才是延伸意志，展現力量的最好策略？孫子提出了「上兵伐謀，其次伐交，其次伐兵，其下攻城」的主張，認為上等用兵之法，乃是以謀略屈服敵人，其次則為透過外交途徑壓制對方，至於動用武力征服，已屬最下等的策略。

處於春秋無義戰的混亂年代，這種貶抑武力的言論，實可視為另類消極的反戰思想。孫子保持理性頭腦，要求我們即使處於敵對狀態，仍應透過戰略、外交達成政治目的，這點實與奈伊主張以「外交手段」展現柔性權力，有著跨時空的英雄所見略同。

（四）儒家柔性權力概念的歷史實踐

從孔子「遠人不服，則修文德以來之」、孟子「王不待大，湯以七十里，文王以百里」到孫子「不戰而屈人之兵，善之善者也」，柔性權力的觀念深深滲入中國文化血液，成為不可磨滅的思想印記。

許多人批評儒家為泛道德主義者，甚至是僵化禮教的守屍人，然而這種批判無疑太過浮泛。在儒家思想的薰化下，固然有人淪為滿口仁義道德的偽君子，但也不乏「登車攬轡，慨然有澄清天下之志」的典範人物（《後漢書・范滂傳》）。更積極來看，

受到儒家德化教育的影響，每個朝代都會出現一批良臣循吏，他們對內維繫社會安定，對外則牽制了帝國的擴張，「聖君賢相」的口號將掌權者封限在道德框架內，維持政局的平衡發展。

是以自漢代儒家成為中國文化主流後，孔孟思想鼓舞了無數知識分子，當時代喪亂、君王無道，他們前仆後繼地維護這些理念；而在政治穩定、君主開明時，儒家教義也就落實成為政治作為。可以想像，如果全天下的學子都在「為政以德，譬如北辰，居其所而眾星拱之」（《論語・為政篇》），以及「以德服人者，中心悅而誠服」（《孟子・公孫丑上》）的琅琅讀聲中長大，一旦他們長大進入政府，執掌帝國的運作，那麼這些曾被認為「子之迂也」（《孟子・公孫丑上》）的言論，就會從形上層面轉為實際力量。

假如忽略儒家思想的積極作用，我們又要如何解釋，中國史上儘管多有昏君，但比起羅馬帝王的荒誕，暴君比例卻是相對為低。別忘了，這個帝國曾經常強於世界，而她的皇帝也曾是世上最有權力與威嚴之人。這就是王道思想的歷史實踐，它讓君主不致因為擁有無限權力而瘋狂，也限縮了國家機器的膨脹。「皇天無親，惟德是輔」（《尚書・蔡仲之命》）的緊箍咒雖然沒有完全發揮作用，但卻能夠有效緩解專制帝國的失控。我們並不否認中國過去也曾因為皇帝私欲，或國家利益而對外發動戰爭。但更多時候，她只要求各國進貢，滿足萬邦來朝的心理，至於這些藩國的內政外交，則多半讓她維持原來型態。甚至因為自身文明的強盛，她也成功吸引鄰近國家主動的學習，日本漢化就是一個極佳的例子。

日本漢化的歷史，不僅證明柔性權力的影響，遠比軍事力

量更加深遠廣泛，同時也證明了孔子「遠人不服，則修文德以來之」並非只是夫子自道。所謂「桃李無言，下自成蹊」（《史記‧李將軍列傳》），毋須拿著彎刀或槍砲，只要擁有優勢進步的文化，它就能夠產生強大的磁吸力，讓自己的意志流布四方。

遺憾的是，由於近代中國的衰弱，這些價值一度被認為過時迂腐。幸運的是，隨著文明理性的成熟，以及經歷近代帝國殖民主義、兩次世界大戰、東西德、南北韓、美蘇冷戰、乃至 21 世紀初的九一一事件，人們逐漸領悟到單憑「軍事」、「經濟」力量，仍然無法創造一個富強康樂的國家。我們仍舊不得不同意，任何的強大與繁榮，終究要以「人」為本，創造一個符合人類理性與道德的社會，而這正是日後儒家思想所要著力發用的地方。

二、儒家思想與現代法治社會接軌的幾點問答

以下是我這幾年上課或者主動提及，或者同學問起，關於傳統儒家文化是否可以接軌於現代法律政治體系的問題。我的回答是肯定的，簡單說明如下。

〔問一〕

甲素行不良，妻子過世多年，平日對待兒女即常以暴力相向，子女亦忍耐許久。一日甲酒後亂性，欲性侵害 10 歲幼女乙，18 歲子丙於一旁見狀乃持刀將甲當場殺害。現代法體系與先秦儒家將如何評價此行為？又假如甲性侵未遂，儒家是否贊成兒女事後舉發父親，將甲繩之以法？

〔答〕

法律的設置，旨在提供社會一套客觀可預測之行為準則，與建立制度性保障，不同法規範都有不同設想所要處理的情境，因此必然產生規範競合情形。亦即數個規範可以同時適用某一種情境，我們必須從中選取最為適當者。這種競合關係，或許來自不同規範系統，或者源自同規範之不同法條，本案乃是大陸法系中重要的「法條競合」問題。

「法條競合」又稱「法律單數」，係指一行為同時實現數個構成要件。為避免重複評價而有重複處罰，我們必須尋得一個最妥適的構成要件，以為犯罪宣告依據，此時其他構成要件將被排除而不適用，又名「雙重評價禁止原則」。「法條競合」可分成「特別關係」、「補充關係」、「吸收關係」、「擇一關係」四種。

所謂「特別關係」，指某法條之構成要件，包括另一法條構成要件中所有要素，且多出了其他要素，又稱「包含關係」，如 A 觸犯殺害直系尊親屬罪時，自然觸犯殺人罪。

「補充關係」指該法條本身已經明示自我排除適用，當其他法條不適用時，自己始有適用餘地。如《槍砲彈藥刀械管制條例》第 21 條規定「犯本條例之罪，其他法律有較重之處罰規定者，從其規定。」

至於「吸收關係」，目前國內學說眾說紛紜，實務認為指某種犯罪行為之性質或結果，當然包含其他犯罪成分，而將該行為吸收。如某甲行使偽造貨幣購買物品，既曰「行使」，當然具有詐欺成分。只因法律另外訂有行使偽造貨幣罪，詐欺罪在此被吸收而不予適用。（42 台上 410）

「擇一關係」同樣尚未取得統一見解。業師甘添貴先生以

為在法條競合判斷過程中，假如無法將法條競合歸類於前述「特別、補充、吸收」關係任一類，則僅能就數個均切合適用之刑罰法規擇一適用，此即所稱「擇一關係」。[5]

本案即屬「擇一關係」的競合。由於我國具有深厚儒家文化傳統，對於「孝道」與「正義」的價值特別重視，反映在刑法典上，對於殺害父母之處罰乃特別加重，如《刑法》第271條普通殺人罪規定：「殺人者，處死刑、無期徒刑或十年以上有期徒刑。」第272條殺害直系尊親屬罪則加重為：「殺直系血親尊親屬者，處死刑或無期徒刑。」同樣的為保護「正義」價值，《刑法》第273條義憤殺人罪規定：「當場激於義憤而殺人者，處七年以下有期徒刑。」

由於丙既具有人子身分，但又符合當場激於義憤而殺人要件，《刑法》第272、273條因此產生適用上的競合。甘添貴先生認為272、273條彼此之間並無「特別、補充、吸收」關係，因此判定為「擇一關係」。至於我們要選擇哪一條予以適用呢？依甘添貴先生見解，加重殺害直系尊親屬罪乃是消極保護違背社會倫理行為，而減輕義憤殺人罪，則是積極維護社會倫理。因而在此案中，我們應當適用減輕規定，即處以《刑法》273條「當場激於義憤而殺人者，處七年以下有期徒刑。」

以上是現代社會的思考。就法體系而言，丙之弒父行為乃是法條競合問題，但是跳出法系統外觀察，恐怕我們還須思考這是否可能是一種規範衝突。蓋法哲學家與倫理學家不能滿足於單純的法條思考運作，而欲追問更深刻的形上原理。立法者所以加重

5　參閱甘添貴，〈法條競合（七）〉，《軍專》40卷4期。

272 條罪責，來自傳統對於孝道價值的保護。同樣的，為彰顯正義價值，於是才有 273 條的減輕規定。當立法完成後，這些價值被分配到不同法條中，並為該法條所承擔。一旦離開法體系，我們就要重新回到更超越的價值層次，思考「孝道」與「正義」衝突的問題。

孝道保護的是親情倫理，正義保護的是對於邪惡的不能忍耐。（如果我們採取孟子「義者宜也」之說）丙之行為引發這兩個規範的直接衝撞，而這兩者剛好都是儒家標榜的價值。也因此對於儒者而言，其困難不在於如何在遊戲規則中尋求解答，而是如何超越遊戲規則，在價值論述上根本解消這個兩難。如果不能，則儒家倫理體系恐怕無法安頓，乃至引發儒家倫理與法治社會矛盾不相容的質疑。

傳統法體系所以讓人詬病者，在於法律作為一獨立運作規範，往往受到道德乃至掌權者意志的影響，缺乏客觀性與獨立性。但這並不意味道德與法律乃是兩個截然不相容的體系，事實上任何一個國家的法秩序，必然延續該國民情與道德情感而來。法律的目的，旨在維護群體秩序，我們很難想像哪一種法律可以完全排除或者不相容於道德，重點在於道德評價置入法體系的時間。

以本案為例，假如沒有刑法 272、273 條規定，而法官審判時逕自依照自己的道德認知，對於激於義憤而殺害直系尊親屬之丙加重或者減輕其刑，則我們就可以說這不是一個法治社會，因為法律體系的運作不夠獨立，它受到了道德與個人情感的干擾。但是現在立法者既然已將道德置入法體系中，在這個擇一法條競合情形中，無論法官採取減輕或者加重的規定，這一切都是合法

的，它仍是法體系內部的合法運作，可以說道德影響已經提前到立法程序中完成，而非屬於外力的干預。

　　道德之於法律的重要性在於，即使法條本身沒有特設規定，仍然可以通過概括條款留予道德運作空間。如《民法》第72條規定：「法律行為，有背於公共秩序或善良風俗者，無效」。我們也可以從本案中觀察到道德的影響力，當法官最後選擇適用義憤殺人罪，他的內心並不一定是蔑視親情倫常，而是更高程度肯定義憤，也就是正義憤怒的價值。換言之，這個二擇一的法條競合，不是一個擲骰子的機率結果，兩者並未等價，而是法官個人乃至社會整體道德價值做出的判斷。沒有道德判斷的法體系，簡直令人無法想像的可怕。

　　現在問題在於，重視孝道倫常、親情血緣的儒家，在這個父欺女、子弒父的極端案例中，是否能夠得出符應現代法律思維乃至普世價值的結論？筆者以為答案是肯定的。

　　首先，先秦儒家強調的倫常義務乃是一種「水平的相對義務」，而非法家「垂直的絕對義務」。孔子言「君君臣臣父父子子」，當君不君時，臣子自然也就解除相對義務的負擔。如孔子盛讚管仲功業，也批判管仲奢侈，但卻從未指責管仲不忠。熟悉歷史之人當會記得，管仲最先侍奉公子糾，而公子糾為齊桓公所殺害，管仲並未殉死，反而輔佐成就其霸業。蓋公子糾既未以國士待管仲，管仲自然也就沒有負擔死君的義務。孟子對此講得更加清楚，「君之視臣如手足，則臣視君如腹心；君之視臣如犬馬，則臣視君如國人；君之視臣如土芥，則臣視君如寇讎」。（離婁下）傳統「君要臣死，臣不死不忠」之說，實是法家思想的遺緒，非正統儒家說。

　　本案中，甲平時即常對子女施暴，「希望子女情緒穩定，孝敬無違」實屬高度極難之期待。而從甲意圖性侵乙那一刻起，就已失去人父的資格，即使因為血緣關係不可泯滅，但子女所負擔的忍耐義務必然大為減低。這點並非空言推測。假如《孔子家語》記載為真，則孔子主張「小杖則受，大杖則走」，當尊長無理施暴時，子女自有義務逃避該情境，以免讓尊長蒙受惡名。同理類推，既然丙在當下的順從義務解除或減輕，要求內保持理性的期待降低，則社會對丙義憤失控的忍受度自然變大。也因此儒家將會採取與現代社會重視子女個體價值相同的思考模式。

　　其次，孝與義看似兩種平行的價值，孝道保護的是「親親尊尊」，正義保護的是由羞惡之心所生的是非判斷（《孟子・告子上》「是非之心，義也。」），假如儒家沒有特別聲明，則這個案例似乎就當屬於規範衝突，也就孝、義的不合洽。

　　但先秦儒家並不是放任規範各自運作，剛好相反，荀子曾經寫下一段重要的話，讓這個看似規範衝突的狀況，可以橫轉為規範競合的思考。《荀子・子道》云：

> 入孝出弟，人之小行也；上順下篤，人之中行也。從道不從君，從義不從父，人之大行也。若夫志以禮安，言以類使，則儒道畢矣，雖舜不能加毫末於是矣。孝子所以不從命有三：從命則親危，不從命則親安，孝子不從命乃衷；從命則親辱，不從命則親榮，孝子不從命乃義；從命則禽獸，不從命則脩飾，孝子不從命乃敬。故可以從而不從，是不子也；未可以從而從，是不衷也。明於從不從之義，而能致恭敬、忠信、端愨以慎行之，

則可謂大孝矣。

荀子指出入孝出弟只是人之小行，從義不從父才是人之大行。他同時立下孝子不從命的三條判斷規則：規則一，從命則親危，不從命則親安，孝子不從命乃衷。規則二，從命則親辱，不從命則親榮，孝子不從命乃義。規則三，從命則禽獸，不從命則脩飾，孝子不從命乃敬。

荀子思考到孝道作為一種價值，很可能與正義產生衝突。如果放任彼此平行發展乃至衝突，則儒家倫理就會成為一種極不穩定的規範系統。法律以正義為基礎，假如親情倫理得以與正義對抗，則儒家倫理或者無法與法體系相容，或者至少將被法體系視為潛在的敵人。換句話說，日後面臨相關問題時，我們就只能採取聽天由命的態度，不同法官或者儒者將會根據其價值信仰，產生截然相反的判決。這個情形當然是重視客觀秩序的荀子所不能忍受的。也因此他在〈子道〉中以客觀之「義」統攝血緣關係之「孝」，將正義視為孝道的上位規範，如此一來，此規範衝突即可轉成規範競合樣態。

更清楚地說，根據規則二「從命則親辱，不從命則親榮，孝子不從命乃義」，可知當下丙若漠視放任甲之恣意，都是讓父親陷於禽獸行的不義行為，並非真正的大孝。而丙子既然以採取阻止行為為「義」，無論故意或過失令其父親死亡，所應論者只有行為過當的處罰問題，對於丙子的苛責自然應當降低，殺害直系尊親屬罪自然列為次位選項。連帶的，本題第二個提問「假如甲父性侵未遂，儒家是否贊成兒女事後舉發父親，將甲繩之以法」？根據「從命則親辱，不從命乃義」、「從命則禽獸，不從命

乃敬」，自然應當提出舉發，儒家將會贊成採取這個時代制定的法律處理，反對不辨道義的愚孝之行。

孝與義的規範衝突，在此橫轉為規範競合樣態，至於這是屬於何種競合關係？筆者以為如同現行法視其為「擇一競合」。原因在於道德思考已被法律條文吸收，法條地位彼此平等，因此屬於「擇一競合」。但抽離法體系之外，儒家既然「以義攝孝」，則孝心孝行自然為正義所含括，形成正義涵攝孝道之特別競合關係。

〔問二〕

儒家重視倫常，強調義務實踐與群我關係的和諧；現代法治社會重視個人權利保障，強調個體價值的實現。兩者似乎頗多衝突，是否具備轉化銜接的可能？

〔答〕

儒家倫理強調義務實踐與群我和諧，重視「我應當如何」之義務語言的運用，如「父當慈，子當孝」是。法治社會重視「客觀性制度保障」，重視權利語言，如「我有權如何」。彼此思考趣向迥異，價值設定上更有極大落差。然而這並不妨礙儒家思想與現代法治社會銜接。這倒不是說儒家倫常思想積極契合於法治思想，而是它消極地與現代法治社會不衝突，關鍵在於，倫常關係中的義務概念如何與法體系的權利概念對轉。這牽涉到了形式的語言轉換與實質的內涵的互滲。

首先，就語言轉換而言：權利義務乃是一種概念的兩面表述。在甲、乙相對關係中，甲之義務往往可以轉成乙之權利。若法律宣稱，甲有義務不可傷害乙，則對乙而言，即宣告了乙有權利要求甲不得為侵害行為。反之，甲對乙享有何種權利，即乙對

甲應盡何種義務。如《憲法》規定人民有納稅、服兵役等義務。這也等於宣稱國家對人民有徵兵、徵稅的權利。理解這點，則儒家的義務語言不但不會否定個人權利的建構與個體價值的肯定，反而極大程度符合現代法治社會精神。

原因在於，儒家的義務語言多半針對君子以及君主（道德上之高度可能期待者或當時之掌權者）而發。當儒家對君主宣講義務語言時，其實也反向開出了人民的權利清單。當然我們必須說這是一種隱而不顯的概念，我們實難苛責儒家可以具備今日完整的權利概念。但無論如何，儒家的禮與道德主要針對有權有德者而發，它對人民的要求很小。如孔子承認「小人喻於利」的現實，要求我們不當以高道德標準苛責百姓；孟子主張常人「無恆產而有恆心」，甚至認為國家未盡照顧義務，使人民因現實逼迫而犯法時，乃是國家的失職。換言之，儒家對人民採取了一種高度寬鬆的對待標準，高密度地保障人民的自由，對於國家則進行嚴格權力限縮，其對君王的義務語言，可以轉換成對人民的隱性權利概念。

其次，就實質的內涵互滲面而言：其批判主要有二：包括儒家對於個人價值的忽略與倫常重視身分關係，在法律實踐上有違平等關係。

然而儒家對於個體價值的重視，可從道德我中轉出。孔子言「我欲仁，斯仁至矣」（〈述而〉），孟子有四端成聖說，乃是最大程度肯定「我」作為一種價值主體，具有無限開展的可能。在古代宗法社會中，外顯的方式自是通過道德與責任的承擔表現。在今天，置於法秩序之中，就有可能轉成對於個體價值的肯定。這個論點看似有點樂觀，其實並不困難。而這種轉換，其實只是一

線之隔。

　　舉例而言，我國《憲法》繼受自德國日本，但是德國《憲法》並未設有女性代表保障名額的制度，我國特設保障名額的情形頗為特別。這種尊重女權的作為看似非常先進，但其實無比古老。它是傳統「等差倫常」思想的互置變形，也就是從「女性是弱勢，應當服從男性」一轉成為「女性是弱勢，故應當特別保護」。在古代此觀念以禮教規範呈現，今日則是融入法律條文，成為《憲法》增修條文之一。6

　　其次關於身分法與平等權的銜轉問題。五倫乃是一種基於「身分」所設定的關係結構，法治社會的權利意識則是源於契約合意所生。梅因爵士在《古代法》一書中，指出現代法的演進，乃是一種從身分走向契約的轉變。問題在於，既是身分法，則必以等差為基礎，最著名者有如孔子提出「父為子隱，子為父隱」之說；又孟子回答弟子桃應，若舜父瞽瞍殺人，舜應該拋棄王位，揹負父親逃於海濱，終身忻然。這種作為，似乎很難容於現代法治社會，但事實上並不如此。

　　法治社會旨在保障人性尊嚴，因此所謂的法治，乃指社群對於某種抽象價值秩序或具體規則，具有遵從與信任，彼此共同

6　《中國民國憲法》增修條文第四條：「立法院立法委員自第七屆起一百一十三人，任期四年，連選得連任，於每屆任滿前三個月內，依左列規定選出之，不受憲法第六十四條及第六十五條之限制：一、自由地區直轄市、縣市七十三人。每縣市至少一人。二、自由地區平地原住民及山地原住民各三人。三、全國不分區及僑居國外國民共三十四人。前項第一款依各直轄市、縣市人口比例分配，並按應選名額劃分同額選舉區選出之。第三款依政黨名單投票選舉之，由獲得百分之五以上政黨選舉票之政黨依得票比率選出之，各政黨當選名單中，婦女不得低於二分之一。」

產生法的確信與服從。但這並不意味「親情」與「人性尊嚴」可以排除。相反的，一個進步的法治社會，將會允許人性的自我舒展。是以法諺言「人有不自證己罪的權利」，犯罪嫌疑人自身假如說謊，各國法律均規定不能論以「偽證罪」。蓋這種要求違反人性，實屬過度之期待。一個進步的法治社會，不當立法處罰人性的必然。也因此儒家「父為子隱，子為父隱」，「揹負父親逃於海濱」等行為，不必與現代法治社會衝突。

　　表現出來的，則是「親隱」精神體現於現行法中。如我《刑事訴訟法》180 條規定：「證人有下列情形之一者，得拒絕證言：一、現為或曾為被告或自訴人之配偶、直系血親、三親等內之旁系血親、二親等內之姻親或家長、家屬者。二、與被告或自訴人訂有婚約者。三、現為或曾為被告或自訴人之法定代理人或現由或曾由被告或自訴人為其法定代理人者。」又《刑訟》181 條：「證人恐因陳述致自己或與其有前條第一項關係之人受刑事追訴或處罰者，得拒絕證言。」對於共同被告或自訴人中一人或數人有前項關係，而就僅關於他共同被告或他共同自訴人之事項為證人者，不得拒絕證言。」

　　上述規定即是古代親隱原則的變形，程度或者有別，但是思考則是一樣：違背親情情感乃屬不可能之期待，也不利於社會長遠的和諧與健康發展。也因此「親隱」規定可能是全世界最公平的規定，不分身分，每個人都有適用的可能，多數國家也都設有這樣的規定。

　　儒家的倫常血緣關係，乃是一種對於人性普遍價值的肯定。古代以此為基點而制定法律，此即古人的法秩序，也就是根據他們共同同意下所建立的秩序結構。今日我們轉成以契約法精神為

主，在法條設計上固然不用隨著身分法亦步亦趨，但在價值安立的層面，仍然不可能排除或者否定這樣的關係與事實：亦即一個和諧進步的法體系不但不違背人性，反而將以保障人性尊嚴為主，「倫常」正是人性尊嚴的重要環節。

〔閱後再思考〕

1. 你認為臺灣是否具備可以在現代國際社會立足的軟實力？未來我們應該發展的軟實力又是什麼？請條列五點討論之。

2. 甲是一名孝子，同時也是極具正義感之人。無奈甲的父親乙脾氣暴躁，時常與人發生衝突。某天甲發現乙又在與隔壁老翁爭吵，乙並以水果刀攻擊老翁。甲在阻止乙的同時，一時激於義憤將乙殺死？如果你是法官，請問你會依據《刑法》將甲由 271 條（普通殺人罪）加重判處為 272 條（殺害直系尊親屬罪）「殺害直系尊親屬罪，處死刑或無期徒刑」？或者根據 273 條（義憤殺人罪）之「當場激於義憤而殺人者，處七年以下有期徒刑」判刑？

3. 推薦觀賞影片：周潤發主演，《孔子：決戰春秋》（Confucius），2010 年上映。

通識教育叢書20

哲學心靈與現代關懷——哲學概論的第一課

| 著　　者 | 陳弘學 |
| 叢書主編 | 陸偉明 |

發 行 人	黃煌煇
發 行 所	財團法人成大研究發展基金會
出 版 者	成大出版社、國立成功大學通識教育中心
總　　監	洪國郎
執行編輯	吳儀君
地　　址	70101台南市東區大學路1號
電　　話	886-6-2082330
傳　　真	886-6-2089303
網　　址	http://ccmc.web2.ncku.edu.tw
銷　　售	成大出版社
地　　址	70101台南市東區大學路1號
電　　話	886-6-2082330
傳　　真	886-6-2089303
法律顧問	王成彬律師
電　　話	886-6-2374009
排　　版	弘道實業有限公司
印　　製	方振添印刷有限公司
初版一刷	2015年12月
定　　價	250元
I S B N	9789865635145

國家圖書館出版品預行編目（CIP）資料

哲學心靈與現代關懷：哲學概論的第一課 /
陳弘學著 . – 初版 . – 臺南市：成大出版社，
成大通識教育中心出版：成大研發基金會發
行 , 2015.12
　　面；　公分 . --（通識教育叢書 ; 20）

　ISBN　978-986-5635-14-5（平裝）

　1. 哲學

100　　　　　　　　　　　　　　104028474